Degenhardt, Klaus
Das GmbH-Recht 2011

Degenhardt, Klaus

Das GmbH-Recht 2011

ISBN: 978-3-86741-624-5
Auflage: 1
Erscheinungsjahr: 2011
Erscheinungsort: Bremen, Deutschland

© Europäischer Hochschulverlag GmbH & Co KG,
Fahrenheitstr. 1, 28359 Bremen

www.eh-verlag.de

EHV

Inhaltsverzeichnis

I.	Einführung	6
II.	**Grundlagen des GmbH-Rechts**	9
1.	Juristische Personen	9
2.	Alternativen zur GmbH	14
2.1.	Natürliche Person als Unternehmer	15
2.2.	Personenhandelsgesellschaften (KG, oHG)	15
2.3.	GbR mit beschränkter Haftung	16
2.4.	Ausländische Gesellschaftsformen	18
2.5.	GmbH-Leasing	20
3.	Besondere Varianten der GmbH	21
3.1.	Die GmbH & Co KG	21
3.2.	Die Limited & Co KG	22
3.3.	Die Ein-Mann-GmbH	24
4.	Organe der GmbH	26
4.1.	Geschäftsführer	26
4.2.	Gesellschafterversammlung	29
4.3.	Beirat, Aufsichtsrat, Ausschüsse	31
5.	Satzung	31
6.	Stammkapital und Kapitalerhalt	32
6.1.	Mindest-Stammkapital	33
6.2.	Stückelung von Geschäftsanteilen	34
6.3.	Aufbringung und Erhalt des Stammkapitals	35
7.	Haftungsbegrenzung, Durchgriffshaftung	40
7.1.	Vertragliche Haftung des Gesellschafters	40
7.2.	Durchgriffshaftung	41
8.	Anonymität der Gesellschafter	44
9.	Mehrstöckige GmbH, Konzern	47
9.1.	Cash-Pooling	47
9.2.	Durchgriffshaftung im Konzern	48
10.	Die Unternehmergesellschaft	50
III.	**Einzelfragen zur Gründung**	53
1.	Allgemeines	53
2.	Vorüberlegungen zur Gründung	56
2.1.	Struktur der GmbH	56
2.2.	Tätigkeitsbereich	56
2.3.	Wahl der richtigen Firma	58
2.4.	Gesellschafterkreis, Familiengesellschaft	59
2.5.	Geschäftsführer	61

3.	**Durchführung der Gründung**	63
3.1.	Formulierung der Satzung	63
3.2.	Notar	67
3.3.	Genehmigungen, Stellungnahmen	68
3.4.	Einzahlung des Stammkapitals	68
3.5.	Sonderfall Sachgründung	69
3.6.	Anmeldung zum Handelsregister	71
3.7.	Eintrag ins Handelsregister	72
3.8.	Gewerbeaufsicht, Finanzamt	73
4.	**Kosten und Gebühren**	74
4.1.	Notar	74
4.2.	Register	75
4.3.	Andere Stellen	75
4.4.	Rechtsanwalt	76
5.	**Sonderfall der GmbH in Gründung**	76
5.1.	Vorgründungs-Gesellschaft	78
5.2.	Haftungsbeschränkung vor Eintragung	79
6.	**Kauf einer GmbH**	79
6.1.	Vorratsgesellschaft	80
6.2.	Übernahme einer werbenden GmbH	82
IV.	**Anlagen**	**84**
1.1.	Anlage 1: GmbH-Mustersatzung mit Erläuterungen	84
1.2.	Anlage 2: MOMIG	94
1.3.	Anlage 3: Musterprotokoll Ein-Personen-Gesellschaft	94
1.4.	Anlage 4: Musterprotokoll Mehr-Personen-Gesellschaft	94

Abkürzungsverzeichnis

a.A.	anderer Ansicht
Abs.	Absatz
AG	Aktiengesellschaft
AktG	Gesetz über Aktiengesellschaften
Anh.	Anhang
Art.	Artikel
BayObLG	Bayerisches Oberstes Landesgericht
BB	Betriebsberater
BFH	Bundesfinanzhof
BFH	Bundesfinanzhof
BGB	Bürgerliches Gesetzbuch
BGB	Bürgerliches Gesetzbuch
BGH	Bundesgerichtshof
BGH Z	Sammlung des Bundesgerichtshofs in Zivilsachen
BNotO	Bundesnotarordnung
BRAGO	Bundesrechtsanwaltsgebührenordnung
BSG	Bundessozialgericht
BStBl	Bundessteuerblatt
DIHT	Deutscher Industrie- und Handelstag
DNotZ	Deutsche Notarzeitung
e.G.	Eingetragene Genossenschaft
e.V.	Eingetragener Verein
EHUG	Gesetz über das elektronische Handelsregister und Genossenschaftsregister sowie das Unternehmensregister
EGBGB	Einführungsgesetz zum Bürgerlichen Gesetzbuch
EStG	Einkommensteuergesetz
EU	Europäische Union
EuGH	Europäischer Gerichtshof
f.	folgende
ff.	fortfolgende
FG	Finanzgericht
GesR	Gesellschaftsrecht
GewStG	Gewerbesteuergesetz
GmbH	Gesellschaft mit beschränkter Haftung
GmbHG	GmbH-Gesetz
GmbHR	GmbH-Rundschau
HGB	Handelsgesetzbuch
i.V.m.	In Verbindung mit
KG	Kommanditgesellschaft
KGaA	Kommanditgesellschaft auf Aktien
Komm.	Kommentar
KostO	Kostenordnung
KStG	Körperschaftsteuergesetz
Limited	Private Company limited by shares
m.w.N.	mit weiteren Nachweisen
MoMiG	Gesetz zur Modernisierung des GmbH-Rechts und zur Bekämpfung von Missbräuchen

NJW	Neue Juristische Wochenschrift
NJW-RR	Rechtsprechungsübersicht der NJW
NZG	Neue Zeitschrift für Gesellschaftsrecht
oHG	offene Handelsgesellschaft
OLG	Oberlandesgericht
Rs	Rechtssache
RVG	Rechtsanwaltsvergütungsgesetz
Rz.	Randziffer

I. EINFÜHRUNG

Es war im Wintersemester 1979/1980, die spektakuläre große GmbH-Reform gerade zu Papier gebracht, der Autor hing in der Vorlesung zum Thema Gesellschaftsrecht an den Lippen des Professors. Der freilich wirkte ungewohnt ratlos und fächelte sich mit dem Gesetzestext die dringend benötigte Luft zu.

„Wissen Sie, meine Herren, seit Neuestem gibt es ja auch so etwas wie eine Einmann-GmbH. So steht das jedenfalls in diesem neuen Gesetz." Er machte eine wegwerfende Handbewegung. „Ich verstehe das nicht mehr, lassen Sie sich das von jemand anderem erklären. Wenn Ihnen überhaupt noch jemand diesen Unsinn verständlich machen kann."

Seinerzeit war die Einmanngesellschaft hierzulande eine Revolution. Indes, der Gesetzgeber konnte sich der Realität nicht mehr entziehen. Immer mehr GmbHs waren zum Schein mit Strohmännern gegründet worden, die Wirtschaft lechzte geradezu nach einem einfach zu handhabenden Vehikel zur Begrenzung der persönlichen Haftung Einzelner im Geschäftsleben. Das Ausland hatte es vorgemacht, allen voran die angelsächsischen Rechtsordnungen. Also ließ man nach langem standesgemäßem Zögern die Einmann-GmbH zu und modernisierte die GmbH bei der Gelegenheit gleich von Grund auf.

Diese Frischzellenkur liegt mittlerweile dreißig Jahre zurück, ohne dass sich – jedenfalls bis vor einigen Jahren - auf dem Gebiet des GmbH-Rechts Entscheidendes getan hätte.

Das alles funktioniert natürlich nur so lange, wenn man jeglichen Wettbewerb ausschließt. Wer im Mittelstand eine möglichst einfache Konstruktion suchte, die ihn vor persönlicher Inanspruchnahme schützte, war hierzulande auf die GmbH angewiesen. Er musste sich lange mit dem 1980er Modell abfinden und der neidische Blick über die europäischen Grenzen hinaus wurde mit einem kategorischen Hinweis auf ein generelles Importverbot ausländischer Gesellschaftsformen im Keim erstickt.

Doch dann, im Jahre 2003, entschied der Europäische Gerichtshof im Grunde wenig überraschend, dass das Prinzip der Niederlassungsfreiheit nicht nur für natürliche, sondern auch für juristische Personen gilt – mit der Folge, dass die moderne, in wenigen Stunden zu gründende und ohne nennenswertes Stammkapital operierende englische Limited auch hierzulande fröhlich Urständ feierte und mittlerweile droht, unserer guten alten behäbigen und teuren GmbH als Mittel der Haftungsbeschränkung den Rang abzulaufen.[1]

Ende des Jahres 2008 hat der deutsche Gesetzgeber nach vielen Fehlversuchen endlich reagiert und das Gesetz zur Änderung des Rechts der GmbH (MoMiG) verabschiedet.[2] Der erste vergleichbare Vorstoß, im Wege des sog. Mindestkapitalgesetzes Ähnliches bereits zum Jahreswechsel 2005/2006 umzusetzen,[3] scheiterte letztlich an den

---

[1] EuGH Urt. v. 30.09.2003 Rs C-167/01 (*Inspire Art Limited*) und EuGH Urt. v. 05.11.2002 Rs C-208/00 (*Überseering*)

[2] Text abgedruckt als Anlage 2

[3] Referentenentwurf zum Mindestkapitalgesetz vom 15.04.2005, Abdruck und weitere Einzelheiten bei Degenhardt, *Der einfachste Weg zur eigenen GmbH* (ISBN: 3937686371)

unklaren politischen Verhältnissen vor dem Hintergrund der vorgezogenen Bundestagswahlen.

Aber auch der 2008/2009 umgesetzte Entwurf bleibt weit hinter den – selbst gesetzten – Erwartungen zurück. So wurden wesentliche Ziele – wie etwa ein genereller Abstand von einer Kapitalisierungspflicht oder ein Abrücken von der umfassenden Beurkundungspflicht – nicht zuletzt aufgrund der Intervention von Interessengruppen verfehlt. Zwar gibt es jetzt die kapitallose haftungsbeschränkte Unternehmergesellschaft und es wurden viele Hürden abgesenkt, es bleibt trotzdem noch viel zu tun und man muss kein Prophet sein, um die Vorhersage zu tätigen, dass die nächste GmbH-Reform jedenfalls schneller als die letzte kommen wird.

Angesichts der großen Reform von 2008/2009 sind die weiteren Veränderungen zum Jahr 2011 vergleichsweise geringer Natur. Sie betreffen im Wesentlichen das Gesetz zur Umsetzung der Verbraucherkreditrichtlinie, des zivilrechtlichen Teils der Zahlungsdienstrichtlinie sowie zur Neuordnung der Vorschriften über das Widerrufs- und Rückgaberecht. Das Bilanzmodernisierungsgesetz hat ebenfalls einige Veränderungen gebracht. Schließlich wurde die Verbraucherkreditrichtlinie umgesetzt. Die hieraus resultierenden Veränderungen sind in die folgende zusammenhängende Darstellung eingeflossen.

II. GRUNDLAGEN DES GMBH-RECHTS

1. Juristische Personen

Die GmbH ist eine juristische Person. Hierunter versteht man (künstliche) Konstruktionen mit eigener Rechtspersönlichkeit. Da zunächst nur natürlichen Personen eine eigene Rechtspersönlichkeit zukommt, sind juristische Personen eine Ausnahme von der Regel und können folglich nur dort entstehen, wo der Gesetzgeber sie explizit erlaubt. In Deutschland sind dies:

- die Gesellschaft mit beschränkter Haftung (GmbH)
- die Aktiengesellschaft (AG)
- die Genossenschaft (eG)
- die Kommanditgesellschaft auf Aktien (KGaA)
- der Verein (e.V.)
- die Stiftung
- der Versicherungsverein auf Gegenseitigkeit (VVaG).

Daneben existieren noch Sonderformen wie der wirtschaftliche Verein oder die gemeinnützige GmbH, denen aber in diesem Zusammenhang keine praktische Bedeutung zukommt. Hinzu kommt die Unternehmergesellschaft als Sonderform der GmbH, auf die gesondert einzugehen ist.

Die ausländischen Rechtsordnungen demokratischer Staaten kennen durchweg eng verwandte Gesellschaftsformen.[4] Während Genossenschaft, Stiftung und Verein besonderen, nicht primär wirtschaftlichen Zwecken dienen (und damit hier nicht weiter interessieren), sind die kapitalistische GmbH und AG weit verbreitet und aus dem deutschen Wirtschaftsleben nicht mehr weg zu denken. Insbesondere die GmbH erfreut sich ungebrochener Beliebtheit, was jedoch in erster Linie am Fehlen von Alternativen liegt. Wer hierzulande auf möglichst niedrigem Niveau eine juristische Person zu gewerblichen Zwecken einsetzen will, kommt zurzeit an der GmbH kaum vorbei. Die GmbH ist das klassische Instrument der Organisation des Mittelstandes.

Die AG ist noch wesentlich aufwendiger und kapitalintensiver, also erst dann eine ernsthafte Alternative, wenn man Kapitalintensives vorhat. Seit dem Niedergang des neuen Marktes hat sich das Thema Beschaffung von Fremdkapital durch Publikumsgesellschaften ohnehin oftmals erledigt.

Wesentliches Merkmal der juristischen Person ist der Umstand, dass sie über eine eigene Rechtspersönlichkeit verfügt.[5] Sie hat eigene Rechte und Pflichten, unabhängig von den hinter ihr stehenden Personen, den Gesellschaftern. Sie kann klagen und verklagt werden, verfügt über ihre eigenen Bankkonten und Angestellten, kann isoliert in Insolvenz gehen - kurzum, sie ist von ihren Gesellschaftern im Rechtsverkehr mit Dritten weitgehend unabhängig. Das Risiko der Gesellschafter ist also auf ihre Beteiligung an der Gesellschaft beschränkt. Soweit die Theorie. Dass dies in

---

[4] z.B. Limited und PLC in England, S.A. und S.A.R.L. in Frankreich

[5] § 13 Abs. 1 GmbHG

der Praxis - jedenfalls bei kleinen Gesellschaften – nicht so ist, werden wir später sehen.

Ein entscheidender Vorteil der juristischen Person ist die Haftungsbegrenzung.[6] Die Gesellschaft haftet Dritten nur mit ihrem eigenen Vermögen, nicht aber mit dem ihrer Gesellschafter oder Organe. Das ist nicht nur dann wichtig, wenn das Unternehmen ein risikoreiches Gewerbe (z. B. Autohandel) ausübt. Wenn Gewährleistungsansprüche überhandnehmen, trifft es nur die Gesellschaft, nicht jedoch die Gesellschafter. Dies ist bei richtiger Gestaltung und Handhabung auch ganz legal in der Praxis so realisierbar und stellt den zentralen Grund dar, warum die haftungsbeschränkte juristische Person in der Praxis so beliebt ist.

Ein weiterer liegt in der – allerdings gemeinhin überschätzten - Anonymität juristischer Personen begründet. So gibt es immer wieder Konstellationen, in denen sich eine handelnde Person nur ungern zu erkennen gibt. Dies kann lautere (z. B. Wettbewerbsgründe) und unlautere (z. B. gewerberechtliche) Motive haben. Nun kann man sich immer hinter einem Treuhänder (umgangssprachlich auch Strohmann genannt) verstecken, ohne dafür eigens eine juristische Person bemühen zu müssen, gleichwohl eignet sich diese gelegentlich besser dazu, die Identität der Handelnden zu verschleiern (man denke nur an eine Aktiengesellschaft mit frei übertragbaren Inhaberaktien – jenseits der meldepflichtigen Größen ein vollkommen anonymes Geschäft). Auf die vergleichsweise gläserne

---

[6] § 13 Abs. 2 GmbHG

GmbH trifft dies jedoch nicht zu,[7] erst recht nicht mehr seit Umsetzung der elektronischen Handelsregister.

Die Gesetzesväter verfolgten mit der Zulassung von Kapitalgesellschaften naturgemäß ganz andere Ziele. Unter anderem war das der Schutz der Gläubiger der Gesellschaft. Diese sollten durch eine üppige finanzielle Ausstattung der Kapitalgesellschaft immer Zugriff auf hinreichendes Vermögen haben, um ihre Forderungen jederzeit befriedigen zu können, auch ohne auf die handelnden Personen zugreifen zu können. Dies nützt letztlich nicht nur dem Gläubiger, sondern auch der Gesellschaft und damit dem Gesellschafter: So wird die Gesellschaft z. B. kreditwürdig, ein manchmal nicht unwesentlicher Gesichtspunkt.

Die Praxis indes hat einen ganz anderen Weg eingeschlagen: Es wurde mittlerweile jeder nur denkbare Versuch unternommen, den Gesellschaften ihr Stammkapital so schnell und restlos wie möglich zu entziehen. Für viele Gesellschafter gerade kleiner Unternehmen ist das Stammkapital nichts weiter als totes Kapital, das man an anderen Orten viel besser einsetzen kann (oder das einem vielleicht gar nicht gehört). Versuche von Gesetzgeber und Justiz, dies zu unterbinden (etwa durch Vorschriften über Kapitalerhalt,[8] Kapital ersetzende Darlehen[9] oder die Rechtsprechung zur Durchgriffshaftung bei qualifizierter Unterkapitalisierung[10]), sind im Tagesgeschäft weitgehend

---

[7] siehe hierzu im Einzelnen: Kapitel II Ziff. 8
[8] §§ 30 ff GmbHG
[9] §§ 32a f GmbHG
[10] grundlegend: BGHZ 31, 270 f, im Einzelnen siehe: Kapitel II Ziff. 7.2

ins Leere gelaufen (und wurden daher auch teilweise aufgehoben), was dazu geführt hat, dass sich jedenfalls kleinere Gesellschaften heutzutage in ihrer Kreditwürdigkeit nicht von der ihrer Gesellschafter unterscheiden.

In Ländern mit Gesellschaften ohne Mindestkapitalausstattung wird der Gläubigerschutz in der Regel ausschließlich durch Publizität (der Beteiligungs- und Vertragsverhältnisse) und harte Regeln für die Durchgriffshaftung auf das Vermögen der handelnden Personen bei Verstößen hiergegen sichergestellt, wobei die Wirklichkeit mittlerweile hinreichend bewiesen hat, dass effektiver Gläubigerschutz in kleinen Kapitalgesellschaften ohnehin nicht zu gewährleisten ist. Im Verkehr mit kleinen Kapitalgesellschaften gilt es heute mehr denn je, die Initiative zu ergreifen und sich anderweitig abzusichern (etwa durch die klassischen Sicherungsmittel wie Eigentumsvorbehalt oder Bürgschaft). Auf das Kapital einer Gesellschaft kann man sich innerhalb dieser Größenordnungen weder in Deutschland noch anderswo verlassen. Nicht umsonst wird der Hinweis auf die Rechtsform der Kapitalgesellschaft gemeinhin als Warnhinweis verstanden.[11] Mit der Einführung der Unternehmergesellschaft wird diese Entwicklung noch verschärft.

Nur am Rande hingewiesen sei an dieser Stelle auf die vielfältigen Bestimmungen des Handelsrechts, die dem Unternehmer einer GmbH das Leben durchaus schwer zu machen geeignet sind, jedenfalls schwerer als dem Einzelunternehmer. GmbHs müssen Bilanzen, Jahresabschlüsse

---

[11] siehe Baumbach/Hueck, GmbHG, § 4 Rz. 14 f.

und unter Umständen auch Lageberichte fertigen[12] und diese in aller Regel auch hinterlegen.[13] Der Abschluss muss geprüft werden, wenn es sich nicht um ein kleines Unternehmen handelt.[14] GmbHs unterliegen der Körperschaftsteuer[15] und haben immer und unabhängig von ihrem Geschäftszweck die Kaufmannseigenschaft.[16] Ihr kaufmännischer Betrieb ist daher wesentlich aufwendiger als der eines vergleichbaren Einzelunternehmers. Ohne die Hilfe eines Steuerberaters kommt man schon lange nicht mehr aus; freilich haben alle diese Hindernisse nicht an der Beliebtheit der GmbH rütteln können.

2. Alternativen zur GmbH

Gleichwohl lohnt ein kurzer Blick auf die Alternativen zur GmbH. Es gibt ohnehin nur wenige. Die GmbH ist die einfachste und damit (relativ) am wenigsten aufwendige deutsche Kapitalgesellschaft und aus diesem Grund weitgehend konkurrenzlos, will man im Inland Vorteil aus der Rechtsfigur der juristischen Person ziehen und sich hierbei nicht auf in die in der täglichen Praxis oftmals problematischen ausländischen Gesellschaftsformen zurückziehen möchte.

---

[12] § 42 GmbHG, §§ 242 ff, 264 ff HGB
[13] § 325 HGB
[14] §§ 326 i.V.m. § 267 HGB
[15] § 1 KStG
[16] z.B. § 13 Abs. 3 GmbHG für die GmbH

2.1. Natürliche Person als Unternehmer

Wer sein Erwerbsgeschäft als natürliche Person führt, haftet auch mit seinem gesamten Privatvermögen. Es gibt keine Trennung. Dies stellt also gerade keine Alternative zur Nutzung einer GmbH dar.

Zwar gibt es viele Möglichkeiten, sein Vermögen auch als Privatperson zu separieren, etwa durch Übertragung auf andere Personen, durch Einbringung in eigens hierfür geschaffene Gesellschaften (z. B. bei Grundstücken) oder durch die Nutzung von Stiftungen (bei großen Vermögen). All dies ist risikoreich, weil man sich in Hände Dritter begibt. Die Anteile an Projektgesellschaften etwa fallen darüber hinaus uneingeschränkt in das (pfändbare) Vermögen des Handelnden. Zwar kann man in Bezug auf die Pfändung von Geschäftsanteilen einer GmbH einige Sicherungsmechanismen vorsehen, dennoch ist es wesentlich sicherer, von vorneherein den umgekehrten Weg zu gehen: Nämlich das risikoreichere Erwerbsgeschäft haftungsrechtlich vom regelmäßig risikoärmeren Privatvermögen abzukoppeln.

2.2. Personenhandelsgesellschaften (KG, oHG)

Auch die Kommanditgesellschaft (KG) und die offene Handelsgesellschaft (oHG) stellen zumeist keine Alternativen zur Nutzung einer GmbH dar.

In beiden Fällen schließen sich Gesellschafter zum Betrieb eines Handelsgewerbes zusammen, die aber für Verbindlichkeiten der Gesellschaft in vollem Umfang persönlich (oHG) bzw. z. T. beschränkt auf die geleistete Kommanditeinlage (Kommanditisten einer KG) haften. Auch bei einer KG haftet der Komplementär aber immer unbeschränkt und persönlich für die Verbindlichkeiten der Gesellschaft. KG und oHG sind daher gerade keine Alternative zur GmbH, will man eine wirksame Vermögenstrennung herbeiführen.

Anders sieht es bei der GmbH & Co KG aus. Hier dient eine GmbH als Komplementär mit der Folge, dass nur die GmbH und niemand sonst persönlich haftet. Diese Folge ergibt sich freilich nicht aus dem Wesen der KG, sondern aus dem der beteiligten GmbH. Die GmbH und Co. hat denn auch keine haftungsrechtlichen, sondern vielmehr steuerrechtliche Hintergründe. Für die wirksame Vermögenstrennung genügt bereits die einfache GmbH.

Noch andere Hintergründe hat die Konstruktion der Limited & Co KG, auf die an anderer Stelle eingegangen wird.[17]

2.3. GbR mit beschränkter Haftung

Gelegentlich findet man auf Rechnungen oder Auftragsbestätigungen den Hinweis, man habe es mit einer GbR mit beschränkter Haftung zu tun.

In einer GbR, mit vollem Namen Gesellschaft bürgerlichen Rechts, haftet jeder Gesellschafter persönlich als Gesamtschuldner für alle Verbindlichkeiten.[18] Eine GbR mit beschränkter Haftung gibt es in den Gesetzbüchern nicht. Es

---

[17] siehe Kapitel 3.2
[18] § 420 ff BGB, vgl. Palandt/Thomas § 718 Rz. 8 f.

stellt sich daher die Frage, ob zumindest eine vertragliche Haftungsbeschränkung stattfinden kann.

Auch eine Gesellschaft bürgerlichen Rechts verfügt über Gesellschaftsvermögen, das durch Beiträge der Gesellschafter und die Erträge der Gesellschaft gebildet wird.[19] Es ist ferner möglich, auch in Rechtsgeschäften mit Dritten die Haftung auf eben dieses Gesellschaftsvermögen zu begrenzen.[20] Dazu bedarf es freilich in jedem Einzelfall einer konkreten Vereinbarung, der allgemeine Hinweis etwa auf die GbR mit beschränkter Haftung auf Geschäftsbriefen reicht hierfür jedenfalls nicht.[21] Erst recht gilt dies für die Aufnahme der Haftungsbeschränkung in Allgemeinen Geschäftsbedingungen solcher Gesellschaften (AGB).[22]

Das bedeutet, dass man in jedem Einzelfall mit jedem infrage kommenden Geschäftspartner eine Haftungsbeschränkungsvereinbarung abschließen muss, will man auf Nummer sicher gehen. Dies ist kaum praktikabel, wenn man Publikumsverkehr hat, und dürfte darüber hinaus eine außerordentlich abschreckende Wirkung auf die Kundschaft haben, die sich mit dem Zeigefinger auf eine vermögenslose undefinierbare Haftungsmasse verwiesen sieht. Es verwundert daher auch nicht, dass die GbR mit beschränkter Haftung sich in der Praxis nicht durchgesetzt hat. Allerdings kann ihre Verwendung im Rahmen einer

---

[19] § 718 Abs. 1 BGB
[20] BGH NJW 1985, S. 619
[21] unklar; offen gelassen bei BGH NJW 92, 3037, in der Literatur umstritten, Nachweise bei Grummert, ZIP 93, 1063 ff.
[22] OLG Stuttgart WM 02, 667; Ausnahme: Publikumsgesellschaften (BGH NJW 02, 1642)

Vorgesellschaft (also während der Gründungsphase der GmbH, wenn diese noch nicht zur Eintragung gelangt ist) sinnvoll sein; Einzelheiten hierzu später.[23]

2.4. Ausländische Gesellschaftsformen

Juristische Personen wie die GmbH gibt es naturgemäß nicht nur im Inland, sondern auch durchgängig im Ausland, jedenfalls dort, wo liberale Wirtschaftssysteme implementiert sind.[24]

Diese ähneln in ihrer Grundstruktur der GmbH verblüffend. Es handelt sich um abstrakte, von ihren Gesellschaftern unabhängige Unternehmen im kaufmännischen Verkehr, deren Verbindlichkeiten vom Vermögen der Gesellschafter getrennt sind. In England ist dies die Private Limited Company by Shares, kurz Limited, in Frankreich die Société à responsabilité limitée (kurz: S.A.R.L.), in Spanien die S.L. Die Liste ließe sich beliebig fortführen, indes, ausländische Gesellschaften eigenen sich nur bedingt, um im Inland zu handeln. Zwar werden sie nach der jüngsten Rechtsprechung des Gerichtshofes inländischen Gesellschaften gleichgestellt,[25] sofern sie aus einem Mitgliedsstaat der EU kommen, jedoch ist in nahezu allen Fällen Wirksamkeitsvoraussetzung, dass diese Gesellschaften einen Sitz in ihrem jeweiligen Heimatland haben.

---

[23] Kapitel III Ziff. 5.1
[24] Übersicht bei *Degenhardt, Die Limited in Deutschland*, 5. Auflage, S. 27 ff (ISBN: 9783867410694)
[25] EuGH Urt. V. 30.09.2003 (C-167/01) „Inspire Art Limited"

Dies kompliziert die Verwaltung naturgemäß und treibt die Kosten in die Höhe.

Die englische Limited hingegen darf bereits jetzt ihren Verwaltungssitz vollständig in das Ausland verlegen; in England genügt eine Zustelladresse (Briefkasten). Dies bedeutet, dass man eine Autohandel Max Müller Limited mit Sitz in Köln gründen kann, die rechtlich im Inland einer GmbH weitgehend gleichgestellt ist, und das innerhalb weniger Tage für einen minimalen Gesamtaufwand, der auch im bequemsten Fall – der Übernahme einer kommerziell vorgegründeten Vorratsgesellschaft – kaum mehr als 500 Euro beträgt.[26]

Dennoch hat die Limited auch in der Form der nach Deutschland zugezogenen Limited der GmbH zunächst nur in wenigen Bereichen ernsthaft Konkurrenz gemacht. Neben der fehlenden Akzeptanz beim Kunden ist es vor allen Dingen der erheblich höhere laufende Aufwand, der den Betrieb der Limited rasch unwirtschaftlich macht. So muss auch die aus England weggezogene Limited in ihrer Heimat laufende Steuererklärungen abgeben und Bilanzen einreichen. Alles folgt eigenen, nationalen Regeln und bedingt nahezu zwangsläufig die Einschaltung eines englischen Steuerberaters. Praktiziert man dies über einige Jahre hinweg, ist der Vorteil der geringen Gründungskosten schnell aufgefressen, zumal in Deutschland natürlich ebenfalls – nach unseren Regeln - bilanziert und versteuert werden muss.[27] Hinzu kommen Probleme bei der

---

[26] Einzelheiten bei: Degenhardt, Die Limited in Deutschland, (aaO Fn. 24), S. 39 ff.
[27] Einzelheiten bei: *Cleary, Bilanzen und Steuern der Limited in Deutschland* (ISBN: 9783937686274)

Rechtsanwendung (unter Umständen müssen deutsche Gerichte englisches Recht auslegen etc.[28]). All dies hat zur Folge, dass die Limited in Deutschland trotz aller Unkenrufe jedenfalls in der mittelständischen Wirtschaft kein echtes Massenphänomen werden wird. Ihr Einsatzbereich in Deutschland wird sich auf Existenzgründungen, kurzfristige Projektgesellschaften und am Rande auf die Limited & Co KG beschränken.

2.5. GmbH-Leasing

Wer sich kein Auto leisten kann, least sich eins. Wer sich keine GmbH leisten kann, least sich eine.

Der Gedanke, eine GmbH zu leasen, was ja übersetzt nichts weiter als zu mieten bedeutet, ist dem Recht fremd. Aber die Idee wird gelegentlich propagiert. Gemeint ist wohl auch nicht das Vermieten einer GmbH – was sollte da auch vermietet werden? Die GmbH ist schließlich keine Sache, wie sie das deutsche Mietrecht nun einmal voraussetzt.[29] Gemeint ist wohl eher die Vermittlung einer Art von Nießbrauch oder eines Nutzungsrechts an der GmbH, letztlich geht es aber immer nur um eines, nämlich um eine Form der Finanzierung des Stammkapitals und der Gründungskosten.

Im Klartext: Der Unternehmer hat kein Geld für eine GmbH, braucht aber eine. Da ein kapitalloser Unternehmer ebenso wenig wie eine neu gegründete GmbH kredit-

---

[28] Einzelheiten bei: Degenhardt, Die Limited in Deutschland, (aaO Fn. 24), S. 51 ff.
[29] § 535 BGB

würdig ist, stellt der „Leasinggeber" das Kapital zur Verfügung. Wie er sich absichert, bleibt sein Geheimnis und man braucht auch kein Skeptiker zu sein, um zu vermuten, dass in derartigen GmbHs die Vorschriften über Kapitalaufbringung und Kapitalerhalt mit Füßen getreten werden. Anders kann das Modell wirtschaftlich nicht funktionieren, da es bei einer GmbH (anders als bei Luxusautos) keinen gegenfinanzierbaren und halbwegs kalkulierbaren Restwert gibt, der Leasingmodelle erst konkurrenzfähig macht.

3. Besondere Varianten der GmbH

3.1. Die GmbH & Co KG

Oftmals trifft man die GmbH nicht in ihrer reinen Form, sondern in der Variante der GmbH & Co KG an. Hier ist eine GmbH Komplementärin (= persönlich haftende Gesellschafterin) einer Kommanditgesellschaft, sodass im Endeffekt bei dieser Konstruktion keine natürliche Person für die Verbindlichkeiten der werbenden KG haftet. Die GmbH zieht sich in solchen Konstruktionen zumeist auf rein verwaltende Tätigkeit zurück; ihr Zweck erschöpft sich meist in der Geschäftsführung der KG.

Die GmbH & Co KG stellt eine Mischform von Kapital- und Personengesellschaft dar und verbindet viele der jeweiligen Vorteile. Diese Typenmischung zeigt aber auch, dass hier kein einheitliches Gebilde entsteht, sondern eine eng miteinander verzahnte Struktur aus zwei dauerhaft selbstständigen Gesellschaften, der GmbH und der KG. Das wesentliche steuerrechtliche Motiv zur Gründung einer GmbH & Co KG liegt in der Möglichkeit der Verrechnung von Verlusten der KG mit anderen Einkünften der Kommanditisten.[30] Dieser Grundsatz ist zwar zwischenzeitlich vom Gesetzgeber eingeschränkt worden,[31] bildet aber gleichwohl immer noch das Hauptmotiv für die Wahl der GmbH & Co KG. Hinzu kommt das bei Personengesellschaften unbekannte Phänomen der verdeckten Gewinnausschüttung, das Gesellschafter einer GmbH erheblich belasten kann, sowie der höhere Gewerbesteuerfreibetrag der KG.[32]

Diesen Vorteilen steht der (verglichen mit der einfachen GmbH) etwa doppelte Gründungsaufwand gegenüber. Wem es nur um die Beschränkung seiner persönlichen Haftung geht, fährt mit einer einfachen GmbH also besser.

3.2. Die Limited & Co KG

Die relativ neue Rechtsform der Limited & Co KG wird vielfach schon voreilig als Totengräberin der GmbH & Co KG bezeichnet. Sie entspricht in ihrer Struktur der GmbH & Co KG, mit der einen Ausnahme, dass die Position der Komplementärin (= der persönlich haftenden Gesellschafterin der KG) nicht von einer GmbH, sondern von einer englischen Limited besetzt wird. Vor dem dargestellten Hintergrund, dass eine Limited nicht mehr in England ansässig sein muss, sondern ihren Verwaltungssitz im Inland nehmen kann, ist diese Variante in der Tat überlegenswert. Sie vermeidet weitgehend den

---

[30] Liebscher in: Sudhoff, Die GmbH & Co KG, § 2 Rz. 18
[31] §§ 2b, 15a EStG
[32] § 11 Abs. 2 GewStG

Nachteil der mangelnden Akzeptanz der Limited beim Geschäftspartner, da im Geschäftsverkehr mit Dritten die (deutsche) KG, nicht jedoch die (englische) Limited auftritt. Der Aufwand für doppelte Bilanzierung und Steuererklärungen ist hier unter Umständen vertretbar, da die Bilanzen und Steuererklärungen einer reinen Holding-Gesellschaft häufig einfacher strukturiert und damit auch einfacher replizierbar sind. Man spart im Gegenzug in erster Linie die Aufbringung des Stammkapitals der GmbH, ein Merkmal, das die Limited nicht kennt.

Wenn man die Limited & Co KG mit der GmbH & Co KG vergleicht, kann man also ohne Weiteres Anschaffungskosten sparen und braucht darüber hinaus kein nennenswertes Stammkapital aufzubringen. Dem steht der dargestellte höhere laufende Aufwand (Buchführung, Bilanzen, Steuererklärungen) gegenüber, dessen Höhe sehr vom Einzelfall abhängt, der aber mindestens (im einfachsten Fall) 500,00 Euro p. a. betragen wird. Bei dieser Konstellation spricht dennoch unter reinen Kostenaspekten manches für die Limited & Co KG als Alternative zur GmbH & Co KG, zumal Erstere in gleicher Weise wie ihre inländische Schwester von den geschilderten Steuervorteilen Gebrauch machen kann.

Vergleicht man hingegen die einfache GmbH mit der Limited & Co KG, sieht die Kostenbilanz schon weniger positiv aus. Zwar spart man sich auch hier die Aufbringung des Stammkapitals, aber der sonstige Gründungsaufwand unterscheidet sich nicht wesentlich voneinander. Die Limited & Co ist in der Gründung insgesamt sogar etwas aufwendiger als die GmbH; hinzu kommt deutlich höherer laufender Aufwand bei der Limited. Die Limited & Co KG ist daher allein unter Kostenaspekten keine ernsthafte Alternative zur einfachen GmbH; es bleibt allein die Befreiung von der Verpflichtung zur Aufbringung des Stammkapitals.

3.3. Die Einmann-GmbH

Die Einmann-GmbH ist bei kleineren Unternehmen heutzutage eher die Regel denn die Ausnahme. Sie wurde 1980 erstmals ausdrücklich vom Gesetzgeber anerkannt und hat sich seitdem explosionsartig ausgebreitet.

Bei der Einmann-GmbH sind (einziger) Gesellschafter und Geschäftsführer personengleich; wenn, was die Regel ist, der Geschäftsführer zusätzlich noch von dem Verbot der Selbstvertretung befreit ist,[33] kann er darüber hinaus auch Verträge im Namen der GmbH mit sich selber abschließen.

Die Zulässigkeit dieser Konstruktion steht außer Frage, freilich ist sie in der Praxis nicht unproblematisch, insbesondere im Hinblick auf eine Durchgriffshaftung. Hierunter versteht man Sachverhalte, in denen Gläubiger der GmbH direkt auf das Privatvermögen des Gesellschafters zugreifen können. Da ein solcher Durchgriff auf das Privatvermögen der Gesellschafter bei der GmbH systemwidrig ist,[34] braucht es ein Fehlverhalten der handelnden Personen, um eine solche Durchgriffshaftung auszulösen. Eine der klassischen Fallgruppen der Durchgriffshaftung ist die der mangelhaften Trennung zwischen

---

[33] § 35 Abs. 4 GmbHG i.V.m. § 181 BGB
[34] vgl. § 13 Abs. 2 GmbHG: „Für Verbindlichkeiten der Gesellschaft haftet Gläubigern derselben nur das Gesellschaftsvermögen"

Privat- und Firmenvermögen,[35] die naturgemäß in der Einmann-GmbH wesentlich leichter auftreten kann als im Fall der Personenverschiedenheit von Geschäftsführer und Gesellschaftern. Bei der Einmann-GmbH fehlt die effektive Kontrolle durch die Gesellschafter; der Einmann-Gesellschafter/-Geschäftsführer kann sich sogar selbst entlasten.[36] Darüber hinaus eignet sich die Einmann-GmbH naturgemäß eher zum Missbrauch, also zum Zweck der Umgehung der persönlichen Haftung durch Einschaltung einer juristischen Person.

Genaueres hierzu und zu den anderen Fällen der Durchgriffshaftung in das Privatvermögen des Gesellschafters später,[37] gleichwohl ist bereits an dieser Stelle festzuhalten, dass die Einmann-GmbH in diesem Punkt außerordentlich schadensanfällig ist und der sorgsamen Führung bedarf, will man nicht im Hinblick auf sein Privatvermögen schutzlos enden.

Auf der anderen Seite ist darauf hinzuweisen, dass es so etwas wie die Einmann-GmbH keinesfalls überall gibt, die ob ihrer Unkompliziertheit so gerühmte Limited beispielsweise benötigt immer zwei handelnde Personen, den „Director" und (wenn nur ein „Director" vorhanden) mindestens einen „Secretary". Insofern ist die GmbH an dieser Stelle sogar etwas pflegeleichter als ihre Konkurrentin aus dem Ausland.

---

[35] Einzelheiten zum Problemkreis der Durchgriffshaftung unter Ziff. 6.2
[36] Roth in Roth/Altmeppen, GmbHG, § 1 Rz. 45
[37] vgl. Kapitel II Ziff. 7.2

4. Organe der GmbH

Zwingende Organe der GmbH sind Geschäftsführung und Gesellschafterversammlung.

4.1. Geschäftsführer

Die Geschäftsführer vertreten die GmbH gerichtlich und außergerichtlich.[38] Die GmbH muss mindestens einen Geschäftsführer haben, kann darüber hinaus aber auch mehrere bestellen.[39]

Geschäftsführer kann nur eine natürliche, unbeschränkt geschäftsfähige Person sein.[40] Minderjährige scheiden daher bei der GmbH als Geschäftsführer aus.

Bei den Ausschlussgründen für Geschäftsführer von GmbHs hat sich einiges geändert. Bisher galt: Wer wegen Insolvenzstraftaten[41] verurteilt worden ist, kann auf die Dauer von fünf Jahren seit der Rechtskraft des Urteils nicht Geschäftsführer einer GmbH sein. Und: Wem durch gerichtliches Urteil oder durch vollziehbare Entscheidung einer Verwaltungsbehörde die Ausübung eines Berufs, Berufszweigs, Gewerbes oder Gewerbezweigs untersagt worden ist, kann für die Zeit, für welche das Verbot wirksam ist, bei einer Gesellschaft, deren Unternehmensgegen-

---

[38] § 35 Abs. 1 GmbHG, § 36 GmbHG
[39] § 6 Abs. 1 GmbHG
[40] § 6 Abs. 2 GmbHG
[41] §§ 283 – 283d StGB: Bankrott, Verletzung der Buchführungspflicht, Gläubiger- und Schuldnerbegünstigung

stand ganz oder teilweise mit dem Gegenstand des Verbots übereinstimmt, ebenfalls nicht Geschäftsführer sein.

Nunmehr wurde dieser Katalog der Ausschlussgründe erweitert; er erfasst alle Straftaten nach § 82 oder § 84 GmbHG, den §§ 399 bis 401 des Aktiengesetzes oder den §§ 283 bis 283d des Strafgesetzbuchs. Dieser Ausschluss gilt für die Dauer von fünf Jahren seit der Rechtskraft des Urteils, wobei die Zeit nicht eingerechnet wird, in welcher der Täter auf behördliche Anordnung in einer Anstalt verwahrt worden ist.[42]

Anders als bei der englischen Limited gibt es hierzulande freilich nicht den generellen Ausschlussgrund der Insolvenz des Geschäftsführers.[43] Auch Personen, die zahlungsunfähig sind oder über deren Vermögen ein Insolvenzverfahren läuft, können also Geschäftsführer einer GmbH werden. Die (wesentlich höhere) Grenze ist in Deutschland der Tatbestand des Bankrotts nach § 283 StGB.

Bei mehreren Geschäftsführern gilt gegenüber Dritten immer deren jeweilige Alleinvertretungsbefugnis,[44] es sei denn, etwas anderes ist im Handelsregister eingetragen.[45]

Die Geschäftsführer werden von der Gesellschafterversammlung bestimmt, die auch den Umfang der Geschäftsführungsbefugnis festlegt. Letzteres kann in der Satzung der GmbH und/oder in den Geschäftsführer-Anstellungsverträgen geregelt werden. Die Personalien der

---

[42] vgl. Art. 1 Ziff. 4 MoMiG
[43] vgl. hierzu Degenhardt, Die Limited in Deutschland, (aa0 Fn. 24), S. 33
[44] § 37 Abs. 2 GmbHG
[45] § 8 Abs. 4 GmbHG

Geschäftsführer und der Umfang ihrer Vertretungsbefugnis werden im Handelsregister veröffentlicht.[46]

Unterschieden werden muss grundsätzlich zwischen der durch die Gesellschafterversammlung zu erfolgenden Bestellung bzw. der (grundsätzlich jederzeit möglichen[47]) Abberufung der Geschäftsführer und den jeweiligen Anstellungsverträgen. Letztere bestimmen lediglich das Innenverhältnis zwischen GmbH und Geschäftsführer und haben keine Wirkung gegenüber Dritten, insbesondere nicht im Hinblick auf eine dort erfolgte Beschränkung der Vertretungsmacht. Wird ein Geschäftsführer abberufen, dessen Arbeitsvertrag eigentlich noch nicht kündbar ist, hindert das die Wirksamkeit der Abberufung nicht, löst aber im Regelfall Gehaltfortzahlungs-, Schadenersatz- oder Abfindungsansprüche aus.

Die Geschäftsführer haben in den Angelegenheiten der Gesellschaft die Sorgfalt eines ordentlichen Geschäftsmannes anzuwenden.[48] Geschäftsführer, welche ihre Obliegenheiten verletzen, haften der Gesellschaft für den entstandenen Schaden; insbesondere sind sie zum Ersatz verpflichtet, wenn die Vorschriften zum Kapitalerhalt verletzt wurden.[49] Dies ist wirtschaftlich im Grunde nichts als ein weiterer Fall der Durchgriffshaftung: Der Geschäftsführer einer Einmann-GmbH verletzt die Vorschriften über den Kapitalerhalt,[50] die Gesellschaft gerät daraufhin in

---

[46] § 10 Abs. 1 GmbHG
[47] § 38 Abs. 1 GmbHG
[48] § 43 Abs. 1 GmbHG
[49] § 43 Abs. 3 GmbHG
[50] dazu im Einzelnen gleich

Insolvenz und der Insolvenzverwalter nimmt ihn persönlich in Anspruch.

4.2. Gesellschafterversammlung

Die Gesellschafterversammlung als zweites zwingendes Organ der GmbH wird von allen Gesellschaftern der GmbH gebildet.
Sie entscheidet über:[51]

1. die Feststellung des Jahresabschlusses und die Verwendung des Ergebnisses;
2. die Einforderung von Einzahlungen auf die Stammeinlagen;
3. die Rückzahlung von Nachschüssen;
4. die Teilung sowie die Einziehung von Geschäftsanteilen;
5. die Bestellung und die Abberufung von Geschäftsführern sowie die Entlastung derselben;
6. die Maßregeln zur Prüfung und Überwachung der Geschäftsführung;
7. die Bestellung von Prokuristen und von Handlungsbevollmächtigten zum gesamten Geschäftsbetrieb;
8. die Geltendmachung von Ersatzansprüchen, welche der Gesellschaft aus der Gründung oder

---

[51] § 46 GmbHG

Geschäftsführung gegen Geschäftsführer oder Gesellschafter zustehen,

9. sowie die Vertretung der Gesellschaft in Prozessen, welche sie gegen die Geschäftsführer zu führen hat.

Weitere Aufgaben können ihr in der Satzung zugewiesen werden.

Die Durchführung der Gesellschafterversammlung ist aus Gründen der Rechtssicherheit stark formalisiert.[52] Die Einzelheiten werden darüber hinaus oftmals dezidiert in der Satzung geregelt, dies ist naturgemäß insbesondere dann wichtig, wenn die GmbH mehrere Gesellschafter besitzt, sodass Konflikte vorprogrammiert sind. Die Mindestrechte der Gesellschafterversammlung dürfen ihr freilich nicht entzogen werden.[53]

In der kleinen GmbH wird dies oftmals nicht relevant sein, insbesondere im Fall einer Einmann-GmbH spielt die Gesellschafterversammlung nur eine formale Rolle. Zu beachten ist aber in diesem Zusammenhang, dass im Fall der Einmanngesellschaft zwingend über jede Beschlussfassung der Gesellschafterversammlung eine Niederschrift anzufertigen ist;[54] dies dient der Beweiserleichterung und der Nachvollziehbarkeit von Gesellschafterbeschlüssen für Dritte.

---

[52] §§ 47-51b GmbHG
[53] z.B. § 51a Abs. 3 GmbHG
[54] § 48 Abs. 3 GmbHG

4.3. Beirat, Aufsichtsrat, Ausschüsse

Darüber hinaus besteht die Möglichkeit, neben den zwingenden Organen Geschäftsführer und Gesellschafterversammlung weitere Organe freiwillig zu implementieren, so z. B. einen Beirat, Aufsichtsrat oder einen Gesellschafterausschuss als vorbereitendes Gremium für Beschlüsse der Gesellschafterversammlung. Dies alles ist jedoch nur für größere GmbHs mit vielen Gesellschaftern relevant.

5. Satzung

Der Gestaltung der Satzung einer GmbH kommt in der Praxis große Bedeutung zu. Dies gilt auch für die Konstellation einer Einmann-GmbH, wo die Satzung ausnahmsweise kein Vertrag, sondern eine einseitige Erklärung zur Errichtung der Gesellschaft ist.

Die Satzung ist gewissermaßen die „Verfassung" der GmbH. Ihre Abfassung bedarf ebenso wie die spätere Änderung der Beschlussfassung durch die Gesellschafterversammlung[55] und der notariellen Beurkundung,[56] ist also mit Aufwand und Kosten verbunden. Umso wichtiger ist es, die Satzung von vorneherein so zu gestalten, dass auch später nur ein möglichst geringer Änderungsbedarf eintritt. Man sollte daher auch die Satzung der Einmann-GmbH von vorneherein so abfassen, dass sie noch Bestand hat, wenn später ein weiterer Gesellschafter in die GmbH eintritt.

---

[55] bei der Ein-Mann-GmbH beschließt der einzige Gesellschafter die Errichtung der Gesellschaft mit der betreffenden Satzung
[56] § 2 GmbHG

Die Satzung einer GmbH muss den folgenden Mindest-Inhalt aufweisen:[57]

1. die Firma und den Sitz der Gesellschaft,
2. den Gegenstand des Unternehmens,
3. den Betrag des Stammkapitals,
4. den Betrag der von jedem Gesellschafter auf das Stammkapital zu leistenden Einlage (Stammeinlage).

Darüber hinaus enthält sie in aller Regel noch viele weitere Elemente, etwa über die Abtretung und Einziehung von Geschäftsanteilen, über Besonderheiten in der Geschäftsführung und Vertretungsmacht, über das Verhältnis der Gesellschafter zueinander oder über Schiedsabreden.

In dem Anhang findet sich ein Satzungsmuster mit Alternativen für unterschiedliche Verwendungszwecke von der einfachen Einmann-GmbH bis hin zur aufwendigeren Mehr-Personen-GmbH.[58] Dort werden die einzelnen Formulierungen und Klauseln ebenso wie alternative Regelungsmöglichkeiten besprochen.

6. Stammkapital und Kapitalerhalt

Das Stammkapital stellt in der Praxis kleinerer Gewerbetreibender immer wieder das größte Problem auf dem Weg zu einer funktionierenden GmbH dar. Der Mindestbetrag stellt für viele eine Hürde dar, die aus Unkenntnis und

---

[57] § 3 GmbHG
[58] siehe Anhang 1

oftmals auch in Folge falscher Beratung gerne gerissen wird mit der Folge, dass der Gründer anschließend mit leeren Händen da steht.

6.1. Mindest-Stammkapital

Jede GmbH ist vom Gründer mit einem Stammkapital zu versehen. Dies sind auch zukünftig grundsätzlich 25.000 Euro.[59]

Leider hat sich die Bundesregierung mit ihrem ursprünglichen Entwurf, der eine Absenkung des Mindest-Stammkapitals auf 10.000 Euro vorsah, nicht durchsetzen können. Die kapitallose Unternehmergesellschaft ist in vielen Fällen kein wirklicher Ersatz, weil sie von der Marktgegenseite aller Voraussicht nach als minderwertig und erkennbar als GmbH 2. Klasse abqualifiziert wird.

Dabei ist der Unterschied in der Praxis gar nicht so groß zwischen einer 25.000 Euro-GmbH und einer Unternehmergesellschaft. In der Praxis steht das nominale Stammkapital jedenfalls bei kleinen Gesellschaften regelmäßig binnen Kurzem nicht mehr für die Erfüllung von Verbindlichkeiten zur Verfügung, es wird schlicht aufgebraucht. Das Ausland hat längst gezeigt, dass die Haftungsbeschränkung auf das Gesellschaftsvermögen keinesfalls zwingend mit einer hohen Stammkapitalausstattung korreliert. Insofern kann der Schritt des Gesetzgebers, das Mindest-Stammkapital nicht zu reduzieren, als falsch angesehen werden. Es wäre nur konsequent gewesen, das Mindest-Stammkapital der GmbH ohne den

---

[59] § 5 GmbHG

Umweg über das halbherzige und dogmatisch unpassende Vehikel der Unternehmergesellschaft direkt auf 1 Euro zu reduzieren.

Kleine GmbHs sind ohnehin in aller Regel nicht allein kreditwürdig und wer will, kann seine GmbH auch ohne Weiteres mit höherem Stammkapital versehen. Zusammen mit der erweiterten Publizität elektronischer Handelsregister ist dem Schutzbedürfnis Dritter ausreichend Rechnung getragen. Wer mit einer GmbH kontrahiert, rechnet auch heute regelmäßig nicht mit nennenswerter Haftungsmasse.

6.2. Stückelung von Geschäftsanteilen

Bislang musste jede Stammeinlage mindestens 100 Euro betragen und durfte nur in Einheiten von 50 Euro aufgeteilt werden. Nunmehr gilt, dass jeder Geschäftsanteil auf einen Betrag von mindestens einem Euro lauten muss. Vorhandene Geschäftsanteile können leichter gestückelt werden.

Die Flexibilisierung setzt sich bei der Übertragung von Geschäftsanteilen fort. So wurde das Verbot, bei der Errichtung der Gesellschaft mehrere Geschäftsanteile zu übernehmen (§ 5 Abs. 2 GmbHG), aufgehoben. Dieses Verbot stellte ein unnötiges bürokratisches Hemmnis dar. Auch das Verbot, mehrere Teile von Geschäftsanteilen gleichzeitig an denselben Erwerber zu übertragen (§ 17 GmbHG), gilt nicht mehr.

6.3. Aufbringung und Erhalt des Stammkapitals

Dieses Stammkapital ist in der Regel in bar aufzubringen. Die auch mögliche Sachgründung ist wegen der damit verbundenen Bewertung der eingebrachten Sachen oder Rechte noch zeitaufwendiger und teurer.[60] Sie ist allenfalls dann eine Alternative, wenn man Zeit und z. B. ein unbelastetes Grundstück hat, das den Wert des Stammkapitals klar übersteigt. Doch auch hier gilt: Wer will schon ein Grundstück einer kleinen GmbH zur Verfügung stellen? Auch da ist es zumeist besser, das Grundstück zu beleihen und mit dem Darlehen eine Bargründung vorzunehmen.[61]

Wird die Gründung durch mehr als einen Gesellschafter vorgenommen, genügt es, zunächst nur ein Viertel des jeweiligen Stammkapitals, mindestens jedoch 12.500 Euro einzuzahlen. Der Rest ist erst bei Anforderung durch die Gesellschaft fällig,[62] die freilich unverzüglich zu erfolgen hat, wenn die Gesellschaft das Kapital benötigt. In Höhe des nicht eingezahlten Kapitals haften alle Gesellschafter füreinander persönlich.[63]

Auch der Gründer einer Einmann-GmbH kann von dieser Regelung mittlerweile uneingeschränkt profitieren.

In der Praxis werden immer wieder fantasievoll alle möglichen Wege beschritten, der Gesellschaft dieses teure Stammkapital sogleich wieder zu entziehen. Der Be-

---

[60] § 8 Abs. 1 Nr. 5 GmbHG
[61] Einzelheiten zur Sachgründung siehe Kapitel III Ziff. 3.5
[62] § 7 Abs. 2 GmbHG
[63] § 24 GmbHG

liebteste: Unmittelbar nach Eintragung ins Handelsregister gewährt sich der Gesellschafter ein Darlehen in Höhe des restlichen Stammkapitals. Oder: Er bringt überteuerte Wirtschaftsgüter in die GmbH ein und lässt sich dafür über Gebühr bezahlen. Oder: Er schließt Arbeitsverträge zu unmöglichen Konditionen ab, die dazu führen, dass bereits nach ein paar Monaten das Stammkapital aufgezehrt ist. Die Beispiele ließen sich endlos verlängern, indes: Dies funktioniert so nicht. Das Gesetz sagt:

> *„Das zur Erhaltung des Stammkapitals erforderliche Vermögen der Gesellschaft darf an die Gesellschafter nicht ausbezahlt werden"*[64]

Spätestens im Insolvenzfall (der auf diese Weise schnell eintritt) wird der Verwalter alles zurückverlangen[65] und eine Haftungsbeschränkung auf das (nicht vorhandene) Vermögen der GmbH tritt auf diese Weise auch nicht ein. Schlimmer noch: Jeder Gesellschafter haftet insoweit auch persönlich für seinen Mitgesellschafter,[66] also auch für Beträge, die er gar nicht erhalten hat! Bei dem Ergebnis hätte man sich den Gründungsaufwand sparen können. Und: Wer eine GmbH durch einen Treuhänder gründen lässt, muss sich so behandeln lassen, als wenn er selber Gesellschafter wäre.[67] Auch Zahlungen an nahe stehende Dritte helfen nichts, sobald zwischen dem Zahlungsemp-

---

[64] § 30 Abs. 1 GmbHG
[65] § 31 GmbHG
[66] § 31 Abs. 3 GmbHG
[67] BGH NJW 91, 1058

fänger und dem Gesellschafter eine so genannte „qualifizierte Nähe" festzustellen ist.[68]

Was kann man also tun, außer zu zahlen und das Geld auf dem Konto der GmbH zu belassen? Die absolute Grenze, die nicht unterschritten werden darf, ist die des nominellen (in der Satzung festgeschriebenen) Stammkapitals, dessen Bestand nach Bilanzierungsgrundsätzen (ggf. per Zwischenbilanz) festgestellt wird. Ist dessen Bestand nicht mehr gewährleistet, verbietet § 30 GmbHG bisher jegliche Zahlungen an Gesellschafter der GmbH.

Neu ist hier nunmehr folgende Erleichterung:

Wird das Stammkapital durch eine Vorleistung aufgrund eines Vertrags mit einem Gesellschafter angegriffen, so gilt das Verbot des Satzes 1 nicht, wenn die Leistung im Interesse der Gesellschaft liegt. Satz 1 ist zudem auf die Rückgewähr eines Gesellschafterdarlehens auch dann nicht anzuwenden, wenn das Darlehen der Gesellschaft in einem Zeitpunkt gewährt worden ist, in dem Gesellschafter der Gesellschaft als ordentliche Kaufleute Eigenkapital zugeführt hätten; Gleiches gilt für Leistungen auf Forderungen aus Rechtshandlungen, die einer solchen Darlehensgewährung wirtschaftlich entsprechen.[69]

Diese neue Einschränkung des Eigenkapitalschutzes der GmbH ist von erheblicher Bedeutung, und zwar nicht nur für neue GmbHs, sondern auch für bereits gegründete Gesellschaften. Die Möglichkeiten, einer GmbH als Gesellschafter Stammkapital ohne Konsequenzen wie Durch-

---

[68] Vgl. Altmeppen in Roth/Altmeppen, GmbHG, § 30 Rz. 31
[69] Ziff. 11 MoMiG

griffshaftung oder Erstattungspflicht entziehen zu können, werden erheblich erweitert. Denn: Was im Interesse der Gesellschaft liegt, lässt sich nur schwer exakt bestimmen und unterliegt einem weiten Beurteilungsspielraum.

Dies betrifft nicht nur vorläufig oder dauerhaft einseitige Leistungen wie Darlehen, Schenkungen oder Ähnliches, sondern auch Leistungen im Rahmen von zweiseitigen Verträgen. Bislang mussten sich auch Austauschverträge zwischen Gesellschaft und Gesellschafter immer an folgenden Kriterien messen lassen:

- Geschäfte zwischen Gesellschaftern und der Gesellschaft müssen hinsichtlich von Leistung und Gegenleistung immer den gleichen Kriterien standhalten, wie sie im Verhältnis zu fremden Dritten gelten (sog. Drittvergleich).[70]

- Hat die GmbH nur einen Gesellschafter und ist der auch noch Geschäftsführer, muss er von den Beschränkungen des § 181 BGB (Verbot der Eigen- und Fremdvertretung in einer Angelegenheit) befreit sein.[71]

- In dem Fall muss auch zwingend eine unverzügliche Niederschrift über das Geschäft gefertigt werden.[72]

Die Neuregelung schafft hier erhebliche Erleichterungen. So ist z. B. denkbar, dass auch eine höhere als übliche Geschäftsführervergütung zulässig ist, auch wenn deren Zahlung das Stammkapital angreift, wenn die besonderen

---

[70] OLG Celle NJW 93, 739
[71] § 35 Abs. 4 GmbHG
[72] § 35 Abs. 4 GmbHG

Umstände (besondere Kenntnisse des Geschäftsbereiches etc.) diese als für die Gesellschaft vorteilhaft erscheinen lassen. Gerade bei kleinen Gesellschaften, wo die Tätigkeit des Gesellschafters oftmals von existenzieller Bedeutung ist, lässt sich dies oftmals begründen.

Von großer Bedeutung ist ferner die Aufhebung des Verbotes, Gesellschafterdarlehen zurückzuzahlen, auch wenn diese eigenkapitalersetzenden Charakter haben. Der Tatbestand des Eigenkapitalersatzes ist immer dann gegeben, wenn ein ordentlicher Kaufmann der Gesellschaft Eigenkapital zugeführt hätte, anstatt ihr ein Darlehen zu gewähren. Bislang wurde die Rückzahlung eines solchen Darlehens nach § 30 GmbHG untersagt, sofern hierdurch das zur Erhaltung des Stammkapitals erforderliche Vermögen gemindert würde, was naturgemäß regelmäßig der Fall ist.

Diese Änderung ist von ungleich größerer Bedeutung für bereits bestehende GmbHs, bei denen in der Vergangenheit Gesellschafter der GmbH ein Darlehen gewährt haben. Die Rückzahlung dieser Alt-Darlehen unterliegt zukünftig nicht mehr den geschilderten Restriktionen.

Halten die Geschäfte aber auch diesen neuen, weicheren Kriterien nicht stand, so handelt es sich um verdeckte Ausschüttungen, die auch heute noch unter das Verbot des § 30 GmbHG fallen. Dies kann z. B. bei weit überhöhten Geschäftsführerbezügen,[73] überhöhten Tantiemen,[74] überhöhten Kaufpreisen für eingebrachte Wirtschaftsgüter

---

[73] BGH NJW 82, 2894
[74] OLG Hamburg NJW 2000, 839

(Autos, Büroausstattung)[75] oder nicht marktüblichen Darlehens- oder Mietzinsen[76] der Fall sein.

Der Gründer kann natürlich auch den entgegengesetzten Weg nehmen und das Stammkapital höher als vom Gesetzgeber verlangt ansetzen; er sollte hier jedoch angesichts der strengen Vorschriften über eine spätere Kapitalherabsetzung zurückhaltend sein und dies nur dann tun, wenn er sicher ist, dieses Kapital auch in der GmbH zu benötigen.[77]

7. Haftungsbegrenzung, Durchgriffshaftung

Wird eine GmbH richtig gegründet und geführt, findet eine Beschränkung der Haftung auf das Gesellschaftsvermögen statt.[78] Die Privatvermögen der Gesellschafter oder des Geschäftsführers haften also nicht für Verbindlichkeiten der Gesellschaft.

7.1. Vertragliche Haftung des Gesellschafters

Dies betrifft vor allem Ansprüche von Geschäftspartnern der Gesellschaft. Wer in einer schadensgeneigten Branche arbeitet (z. B. Gebrauchtwagenhändler, aber auch so mancher Handwerker), kommt auch als Mittelständler um eine Konstruktion, die ihn persönlich von der Haftung

---

[75] OLG Celle NJW 93, 739
[76] Altmeppen in Roth/Altmeppen, GmbHG, § 30 Rz. 31
[77] §§ 58 ff. GmbHG
[78] § 13 Abs. 2 GmbHG

freistellt, kaum herum. Hierzu ist die GmbH, wie dargestellt, gut geeignet.

Das Prinzip der Haftungsbeschränkung funktioniert allerdings in der Praxis nicht bei langfristig angelegten, strukturellen Geschäftsbeziehungen. Leiht eine Bank einer kleineren GmbH Geld, so tut sie dies so gut wie nie, ohne die Gesellschafter vertraglich in Mithaftung zu nehmen. Und der Automobilhersteller, der mit einer GmbH einen Händlervertrag schließt, gibt sich ebenfalls regelmäßig nicht mit deren Haftungsmasse zufrieden. Er verlangt eine Bürgschaft der Gesellschafter und sichert seine Forderungen meist noch wesentlich stringenter ab (z. B. durch Grundschulden auf das Betriebsgrundstück). Die Haftungsbeschränkung entfaltet daher ihre schützende Wirkung vor allem im Kundenverkehr.

7.2. Durchgriffshaftung

Das deutsche Recht kennt – als Ausfluss unserer strengen Kapitalisierungsvorschriften – eine Reihe von Tatbeständen, wonach Gesellschafter einer Kapitalgesellschaft systemwidrig – entgegen der Regelung in § 13 Abs. 2 GmbHG - persönlich für deren Verbindlichkeiten haften. Diese viel diskutierten von der Rechtsprechung entwickelten Fallgruppen werden unter dem Begriff „Durchgriffshaftung" bzw. „Haftungsdurchgriff" zusammengefasst.[79] Die Grenzen der Durchgriffshaftung sind oftmals unklar, da es sich um reines Richterrecht handelt, dessen Entwicklung fließend ist.

---

[79] lehrreich: Altmeppen in Roth/Altmeppen, GmbHG, Anh. 13

Gleichwohl lässt sich Folgendes sagen:

Ein Gesellschafter haftet dann für Verbindlichkeiten seiner GmbH, wenn er keine klaren Grenzen zwischen seinem Privatvermögen und dem der GmbH zieht (Fallgruppe der sog. Vermögensvermischung[80]). Die Vermögen müssen „ununterscheidbar" vermischt sein,[81] wobei eine undurchsichtige oder unklare Buchführung bei der GmbH genügt.[82] Auch dieser Tatbestand hat eine subjektive Komponente, der Gesellschafter muss diese Vermögensvermischung veranlasst, mindestens jedoch zugelassen haben.

Ob hingegen allein die materielle Unterkapitalisierung einer GmbH ausreicht, um eine Durchgriffshaftung zu begründen, wird kontrovers diskutiert. Vielfach wird vertreten, dass eine eindeutig und klar erkennbar unzureichende Eigenkapitalausstattung der Gesellschaft, die einen Misserfolg zulasten der Gläubiger bei normalem Geschäftsverlauf mit hoher Wahrscheinlichkeit erwarten lässt, alleine ausreicht, um eine Durchgriffshaftung in das Privatvermögen des Gesellschafters zu rechtfertigen.[83] Die zivile Rechtsprechung verlangt freilich auch hier eine subjektive Komponente, wonach eine zielgerichtete sittenwidrige Gläubigerbenachteiligung im Sinne von § 826 BGB gewollt sein muss,[84] die man in der Praxis nur selten nachweisen kann.

---

[80] grundlegend: BGHZ 31, 270; 125, 366
[81] BGH NJW 85, 637
[82] BGH NJW 94, 1801
[83] Hachenburg/Ulmer, GmbHG, Anh. § 30 Rz. 55 m.w.N.
[84] BGH NJW-RR 88, 1181

Allein unter dem Gesichtspunkt der missbräuchlichen Verwendung der Rechtsform einer GmbH lässt sich wohl ebenfalls keine Durchgriffshaftung konstruieren,[85] hinzukommen muss – außer in den Fällen der Vermögensvermischung – immer eine zielgerichtete und einzelfallbezogene Gläubigerbenachteiligung.[86]

Und natürlich findet die Durchgriffshaftung auch immer dann statt, wenn mit der GmbH vordergründig betrügerische Absichten oder andere strafrechtlich relevante Tatbestände verbunden werden.[87] In all diesen Fällen haftet der Gesellschafter voll und unbeschränkt für alle Verbindlichkeiten der Gesellschaft, eine Selbstverständlichkeit, die in gleicher Weise für alle in- und ausländischen Kapitalgesellschaften gilt.

Es wurde bereits darauf hingewiesen, dass die Einmann-GmbH für die Tatbestände der Durchgriffshaftung außerordentlich anfällig ist.[88] Das gilt in besonderem Maß für die Vermischung von Gesellschafts- mit Gesellschaftervermögen. Wo keine gesellschaftsinterne Kontrollinstanz existiert, ist der Schritt zum - absichtlichen oder unabsichtlichen - Missbrauch der Rechtsform nicht fern. Wer also vom Haftungsprivileg der GmbH profitieren möchte, muss daher in jeder Phase immer so handeln, wie dies unter Fremden der Fall wäre. Das gilt selbst dann, wenn der Geschäftsführer einer Einmann-GmbH vom Verbot des

---

[85] so aber das BSG (NJW 84, 2117) im Fall eines einseitig auf die Gläubiger verlagerten Risikos in Verbindung mit einer eindeutigen Unterkapitalisierung der GmbH
[86] Altmeppen in Roth/Altmeppen, GmbHG, Anh. 13
[87] vgl. Ebert/Levedag, GmbHR 2003, S. 1340
[88] Kapitel II Ziff. 3.3

Selbstkontrahierens befreit ist, er also zivil- und handelsrechtlich befugt ist, eigene Rechtsgeschäfte mit der GmbH abzuschließen. Die GmbH verfügt trotz alledem über eine eigene Rechtspersönlichkeit und muss immer als solche behandelt werden.

So müssen alle Zahlungsvorgänge zwischen Gesellschaft, Gesellschafter und Geschäftsführer vollständig und für jedermann nachvollziehbar dokumentiert werden, es darf zu keinem Zeitpunkt der Verdacht der Verschleierung oder der fehlenden Vermögenstrennung aufkommen. Zahlungen an Gesellschafter ohne Rechtsgrund oder gar die Nutzung des Kontos der GmbH für laufende private Zwecke lösen rasch die unmittelbare Durchgriffshaftung aus und konterkarieren damit die mit der Errichtung der GmbH verbundenen Ziele.

8. Anonymität der Gesellschafter

Ein häufiges Motiv zur Nutzung von Kapitalgesellschaften ist deren Anonymität. Rechtliche Selbstständigkeit, vom Namen der Gesellschafter losgelöste Firma, all das verleitet schnell zu der Annahme, hier könne man handeln, ohne erkannt zu werden.

Das freilich funktioniert nicht so einfach. Selbst zur einfachsten Einmann-GmbH gehört immer eine natürliche Person, deren Identität im Handelsregister für jedermann ersichtlich offen gelegt wird. Natürlich kann man auch hier einen Strohmann vorschieben, der die Anteile auf fremde Rechnung hält und den Geschäftsführer mimt, indes ließe sich dies rechtlich wasserdicht (nämlich so, dass Hintermann jederzeit und einseitig wieder vollen Zugriff auf

Anteil und Geschäftsführung nehmen kann, falls der Strohmann sich auf Abwege begibt) nur durch einen notariell beurkundeten Treuhandvertrag ausgestalten,[89] was nicht nur teuer und aufwendig, sondern auch im Hinblick auf die beabsichtigte Anonymität kontraproduktiv wäre. Man kann die Dinge wegen der Beurkundungspflicht nicht auf das Verhältnis Treugeber-Treunehmer beschränken, es sei denn, man wäre mit einer Lösung zufrieden, die man im Streitfall nicht durchsetzen könnte, wozu man niemandem raten kann.

Die GmbH eignet sich daher kaum zum anonymen Handeln, will man sich nicht von der Person des Treuhänders und seinen Launen abhängig machen. Hinzu kommt, dass die Rechtsprechung den Treuhänder als faktischen Gesellschafter ansieht,[90] der seinerseits allen gesellschaftsrechtlichen Bindungen und Verpflichtungen (einschließlich der Durchgriffshaftung!) unterliegt.

Seit Inkrafttreten der jüngsten GmbH-Reform ergeben sich weitreichende Änderungen zugunsten einer weiteren Transparenz in Bezug auf die Gesellschafter:

- Im Verhältnis zur Gesellschaft gilt als Gesellschafter nur noch, wer als solcher in der zum Handelsregister eingereichten Gesellschafterliste eingetragen ist. Die Änderung der Liste durch die Geschäftsführer erfolgt auf Mitteilung und Nachweis.

---

[89] § 15 Abs. 3 GmbHG verlangt die notarielle Beurkundung von Anteilsübertragungen. Dies erstreckt sich auf den Treuhandvertrag, wenn dieser – wie unbedingt sinnvoll – die Rückübertragung des Anteils an den Hintermann vorsieht.

[90] BGH WM 77, 73

- Für die zur Zeit der Einreichung der Gesellschafterliste zum Handelsregister (§ 40 Abs. 1 Satz 1) rückständigen Leistungen auf den Geschäftsanteil haftet der Erwerber neben dem Veräußerer.

- Zugunsten desjenigen, der einen Geschäftsanteil oder ein Recht daran durch Rechtsgeschäft erwirbt, gilt der Inhalt der Gesellschafterliste insoweit als richtig, als die den Geschäftsanteil betreffende Eintragung im Zeitpunkt des Erwerbs seit mindestens drei Jahren unrichtig in der Gesellschafterliste enthalten und kein Widerspruch zum Handelsregister eingereicht worden ist. Dies gilt nicht, wenn dem Erwerber die Unrichtigkeit bekannt ist.[91]

So können Geschäftspartner der GmbH lückenlos und einfach nachvollziehen, wer hinter der Gesellschaft steht. Veräußerer und Erwerber von Gesellschaftsanteilen erhalten den Anreiz, die Gesellschafterliste aktuell zu halten. Der eintretende Gesellschafter erhält einen Anspruch darauf, in die Liste eingetragen zu werden. Weil die Struktur der Anteilseigner transparenter wird, lassen sich Missbräuche wie zum Beispiel Geldwäsche besser verhindern.

Die rechtliche Bedeutung der Gesellschafterliste wurde noch in anderer Hinsicht deutlich ausgebaut: Die Gesellschafterliste dient nunmehr als unmittelbarer Anknüpfungspunkt für einen gutgläubigen Erwerb von Geschäftsanteilen. Wer einen Geschäftsanteil erwirbt, soll darauf vertrauen dürfen, dass die in der Gesellschafterliste

---

[91] vgl. Art. I 8 MoMiG

verzeichnete Person auch tatsächlich Gesellschafter ist. Ist eine Eintragung in die Gesellschafterliste für mindestens drei Jahre unbeanstandet geblieben, so gilt der Inhalt der Liste dem Erwerber gegenüber als richtig. Das schafft mehr Rechtssicherheit und senkt die Transaktionskosten.

Bislang geht der Erwerber eines Geschäftsanteils das Risiko ein, dass der Anteil einem anderen als dem Veräußerer gehört. Die Neuregelung führt zu einer erheblichen Erleichterung für die Praxis bei Veräußerung von Anteilen älterer GmbHs.

9. Mehrstöckige GmbH, Konzern

Eine besondere Spielart der GmbH ist die mehrstöckige GmbH, also eine GmbH, an der eine oder mehrere GmbHs (oder andere juristische Personen) beteiligt sind, aber zunächst keine natürlichen Personen. Die Gründe für die Wahl derartiger Konstruktionen sind vielfältig und meist nicht im Gesellschaftsrecht, sondern im Konzernsteuerrecht verwurzelt.

Auf eine diese Form der Gesellschaften betreffende Änderung im GmbH-Recht soll an dieser Stelle hingewiesen werden, auch wenn sie für den typischen Existenzgründer kaum von Bedeutung ist:

9.1. Cash-Pooling

Durch die veränderte Fassung des § 30 GmbHG wurde das bei der Konzernfinanzierung international gebräuchliche Cash Pooling gesichert und auf eine verlässliche Rechtsgrundlage gestellt. Cash-Pooling ist ein Instrument zum

Liquiditätsausgleich zwischen den Unternehmensteilen im Konzern. Dazu werden Mittel von den Tochtergesellschaften an die Muttergesellschaft zu einem gemeinsamen Cash-Management geleitet. Im Gegenzug erhalten die Tochtergesellschaften Rückzahlungsansprüche gegen die Muttergesellschaft. Obwohl das Cash-Pooling als Methode der Konzernfinanzierung als ökonomisch sinnvoll erachtet wird, ist aufgrund der früheren Rechtsprechung des Bundesgerichtshofes zu § 30 GmbHG in der Praxis eine Rechtsunsicherheit über dessen Zulässigkeit entstanden.

Die Neufassung trägt dieser Rechtsprechung zum Teil Rechnung und gibt der Praxis gleichzeitig die nötige Klarheit. Dabei erfasst die Neuregelung alle Fälle von Krediten der Gesellschaft an ihre Gesellschafter. Das Cash-Pooling ist demnach zulässig, wenn es im Interesse der Gesellschaft (nicht der Konzernmutter oder im Interesse anderer Konzerngesellschaften!) liegt.

9.2. Durchgriffshaftung im Konzern

Ein weiterer interessanter Aspekt im Zusammenhang mit der mehrstöckigen GmbH ist die Durchgriffshaftung.[92] Was, so könnte man argumentieren, bedroht mich die Durchgriffshaftung in einer GmbH, wenn deren Gesellschafterin eine vermögenslose Limited im fernen England ist? Die noch dazu selber so etwas wie Unterkapitalisierung gar nicht kennt und deshalb den weiteren

---

[92] dazu im Einzelnen: Kapitel II Ziff. 7.2

Durchgriff auf die hinter ihr stehende natürliche Person jedenfalls aus diesem Grund kaum zulassen würde?[93]

Doch so einfach ist es nicht. Wo die Durchgriffshaftung an das Handeln einer natürlichen Person anknüpft (etwa bei Vermögensstraftaten, die mittels der GmbH begangen werden, z. B. Anlagebetrug), kommt es auf das juristische Konstrukt überhaupt nicht an, hier haftet der Handelnde als Täter persönlich, egal, ob er unmittelbar oder nur mittelbar an der GmbH beteiligt ist.

Anders ist dies unter Umständen bei den Sachverhalten der Durchgriffshaftung, die einen eher gesellschaftsbezogenen Charakter habe wie z. B. dem Tatbestand der Vermögensvermischung.[94] Dort muss man in der Tat die Frage stellen, ob sich die Durchgriffshaftung nicht tatsächlich in der Haftung der Gesellschafterin, also der Limited, erschöpft, zumal eine vergleichbare Rechtsprechung für die Limited in ihrer Heimat nicht existiert.

In der Theorie ist dies zwar richtig, in der Praxis wird so etwas aber nur funktionieren, wenn die Vermögensvermischung allein auf der Ebene GmbH – Limited stattgefunden hat, der Gesellschafter der Limited hieran also nicht beteiligt war. Das freilich dürfte lebensfremd sein. Wer aber als Gesellschafter der Limited von der Vermögensvermischung profitiert, dürfte nach den Grund-

---

[93] In der Limited findet nur eine sehr beschränkte Durchgriffshaftung auf die Gesellschafter statt, die sich noch dazu ausschließlich nach ihrem Heimatrecht richtet. Näheres vgl. Degenhardt, Die Limited in Deutschland, (aaO Fn. 24), S. 45 ff
[94] siehe oben Kapitel II Ziff. 7.2

sätzen der Treuhänderschaft [95] unmittelbar der Durchgriffshaftung ausgesetzt sein, auch wenn es hierzu noch keine eindeutige Rechtsprechung gibt. Und: Wer die Limited wählt, um mit ihr zielgerichtet der deutschen Durchgriffshaftung zu entgehen, verwirklicht meist den Tatbestand der vorsätzlichen sittenwidrigen Gläubigerschädigung (§ 826 BGB) und haftet schon von daher immer persönlich.

10. Die Unternehmergesellschaft

Neu ist die Einführung der kapitallosen Unternehmergesellschaft im Rahmen der großen GmbH-Reform. Hierbei handelt es sich ungeachtet der abweichenden Bezeichnung um eine vollwertige GmbH, die sich zunächst von einer normalen GmbH nur dadurch unterscheidet, dass sie über ein Stammkapital von unter 25.000 Euro verfügt.

Im Gegenzug hat der Unternehmer folgende Bedingungen zu beachten:

- Das Stammkapital muss vor Eintragung der Unternehmergesellschaft voll in bar eingezahlt sein.[96]

- Die Gesellschaft muss den Zusatz „Unternehmergesellschaft (haftungsbeschränkt)" oder „UG (haftungsbeschränkt)" führen.[97]

- In der Bilanz des Jahresabschlusses ist eine gesetzliche Rücklage zu bilden, in die ein Viertel des um

---

[95] BGH WM 77, 73
[96] § 5a Abs. 2 GmbHG neu
[97] § 5a Abs. 1 GmbHG neu

einen Verlustvortrag aus dem Vorjahr geminderten Jahresüberschusses einzustellen ist. Die Rücklage darf nur die Umwandlung in Stammkapital verwandt werden.[98] Dies gilt so lange, bis das Mindest-Stammkapital einer GmbH erreicht ist. Danach kann die Gesellschaft den Zusatz „GmbH" führen, muss es aber nicht.[99]

- Anders als in § 49 Abs. 3 GmbHG vorgesehen muss die Versammlung der Gesellschafter bei drohender Zahlungsunfähigkeit unverzüglich einberufen werden.[100]

Mit Ausnahme der Pflicht, den stigmatisierenden Zusatz „Unternehmergesellschaft" zu führen, sind diese Einschränkungen in der Praxis relativ bedeutungslos. Auch die Pflicht zur Bildung einer gesetzlichen Rücklage für das Stammkapital spielt in den ersten Jahren vermutlich nur vereinzelt eine Rolle, da sie nur greift, wenn Bilanzgewinne erzielt werden.

Welche Bedeutung der Zusatz „Unternehmergesellschaft" in der unternehmerischen Praxis erlangen wird, bleibt abzuwarten. Das Publikum wird mit diesem Kürzel den Hinweis verbinden, dass bei diesem Konstrukt niemand persönlich haftet und ebenso kein Haftungskapital vorhanden ist. Die Situation ist also in etwa mit der einer Limited vergleichbar, deren Einung zumindest für haftungsaffine Geschäftstätigkeiten (z. B. Gebrauchtfahrzeughandel, Immobilienvermittlung) eher negativ zu be-

---

[98] § 5a Abs. 3 GmbHG neu
[99] § 5a Abs. 5 GmbHG neu
[100] § 5a Abs. 4 GmbHG neu

urteilen ist. Für kleine Existenzgründungen im Dienstleistungssektor - hierfür ist sie ja auch gedacht - wird dies aber vermutlich keine große Rolle spielen. Heute – über ein Jahr nach ihrer Einführung – spielt die Unternehmergesellschaft denn auch immer noch nicht die Rolle, die ihr von der Bundesregierung einmal zugedacht war.

III. Einzelfragen zur Gründung

1. Allgemeines

Verschiedene Wege führen zur eigenen GmbH. Man kann sie gründen, man kann eine Vorratsgesellschaft kaufen und man kann eine schon seit Längerem existierende GmbH übernehmen. Alle diese Wege haben ihre Vor- und Nachteile, die im Folgenden diskutiert werden.

Die Neugründung einer GmbH ist der preiswerteste Weg zu einer solchen Gesellschaft. Er hat darüber hinaus den Vorteil, dass man die gesamte Gründung wie eine Schwangerschaft begleiten kann und so frühzeitig mit den Besonderheiten seiner GmbH vertraut wird. Außerdem ist das Durchleben einer solchen Gründungsphase für den in Bezug auf eine GmbH unerfahrenen Unternehmer durchaus lehrreich. Wer glaubt, im Anschluss mit seiner GmbH nach Belieben verfahren zu können, wird bereits in der Gründungsphase eines besseren belehrt.

Eine der zentralen Neuerungen des GmbH-Rechts besteht in der Beschleunigung der Gesellschaftsgründung. Vor dem geschilderten Hintergrund der Verfahrensdauer und dem Umstand, dass die Haftungsbeschränkung erst mit Eintragung der Gesellschaft in das Handelsregister eintritt, sie also im Regelfall auch erst dann genutzt werden kann, ist dies gemeinsam mit der Einführung der Unternehmergesellschaft der zentrale Punkt der GmbH-Reform. Er geht einher mit der Einführung elektronischer Handelsregister.

So ist das Erfordernis entfallen, bei der Anmeldung die im Einzelfall notwendige staatliche Genehmigung vorzulegen.

Vielmehr genügt die Versicherung, dass die Genehmigung beantragt wurde. Die Genehmigung selber kann nachgereicht werden.

Um die Handelsregistereintragung von Gesellschaften zu erleichtern, deren Unternehmensgegenstand genehmigungspflichtig ist, wird das Eintragungsverfahren von der verwaltungsrechtlichen Genehmigung abgekoppelt. Das betrifft zum Beispiel Handwerks- und Restaurantbetriebe oder Bauträger, die eine gewerberechtliche Erlaubnis brauchen. Früher konnte eine solche Gesellschaft nur dann in das Handelsregister eingetragen werden, wenn bereits bei der Anmeldung zur Eintragung die staatliche Genehmigungsurkunde vorlag. Das langsamste Verfahren bestimmte also das Tempo.

Damit keine Gesellschaften ohne Betriebsgenehmigung dauerhaft im Handelsregister verzeichnet sind, muss die Erteilung der Genehmigung innerhalb von drei Monaten nach der Eintragung beim Registergericht nachgewiesen werden. Andernfalls ist die Gesellschaft von Amts wegen zu löschen.[101] Dadurch wird die Gründung in genehmigungs- oder erlaubnispflichtigen Branchen erheblich beschleunigt.

Hinzu kommt, dass nach dem EHUG[102] Handels-, Genossenschafts- und Partnerschaftsregister auf den elektronischen Betrieb umgestellt wurden.

Die zur Gründung der GmbH erforderlichen Unterlagen können grundsätzlich nur noch elektronisch beim Handels-

---

[101] Art. 1 Nr. 4 MoMiG
[102] siehe Fußnote 106

register eingereicht werden. Eine notarielle Beglaubigung der Anmeldungen bleibt erforderlich, kann aber ebenfalls elektronisch erfolgen. Der Notar übermittelt die Anmeldung und die weiteren Dokumente über das elektronische Gerichtspostfach elektronisch an das zuständige Registergericht. Dort können die Daten unmittelbar in die Register übernommen werden. Über Anmeldungen zur Eintragung soll unverzüglich entschieden werden. Falls erforderlich, wird die IHK künftig elektronisch beteiligt. Zudem sollen die Ausnahmen vom Erfordernis eines Kostenvorschusses erweitert werden. Handelsregistereintragungen werden nur noch elektronisch bekannt gemacht werden.

Beschleunigt wird insbesondere die Gründung von Einpersonen-GmbHs. Hier wird auf die Stellung besonderer Sicherheitsleistungen, die früher gesetzlich vorgesehen waren, verzichtet.[103]

Für unkomplizierte Standardgründungen werden zwei Musterprotokolle zur Verfügung gestellt, die drei Dokumente (Satzung, Geschäftsführerbestellung und Gesellschafterliste) zusammenfassen und Kosten beim Notar sparen helfen.[104] Voraussetzung hierfür ist eine Bargründung (keine Sachgründung) und eine Beschränkung auf höchstens drei Gesellschafter.

Diese Protokolle haben in der Praxis bisher jedenfalls keine große Bedeutung erlangt.

---

[103] Art. 1 Nr. 6 MoMiG
[104] abgedruckt als Anlage 3

2. Vorüberlegungen zur Gründung

2.1. Struktur der GmbH

Wer seine GmbH für seine gewerblichen Zwecke nutzen möchte, sollte sie so sorgfältig wie möglich für seine Zwecke strukturieren. Dies ist umso wichtiger, als das Recht der GmbH weite Gestaltungsspielräume zulässt und nachträgliche Änderungen wegen der zwingenden Beurkundungspflicht teuer werden.

Zunächst einmal muss man sich über einige grundlegende Dinge klar werden. Dies betrifft den Tätigkeitsbereich der GmbH ebenso wie den Kreis der Gesellschafter und Geschäftsführer. Bei diesen Dingen ist es auch meist müßig, Dritte um Rat zu fragen. Hier geht es noch nicht vordergründig um rechtliche Fragen, sondern darum, was die GmbH überhaupt leisten können soll, wer sich daran beteiligen soll und wer die Gesellschaft wie führen soll. In der Konstellation der Einmann-GmbH naturgemäß kein wirkliches Problem, aber es gibt gute Gründe, eine Mehr-Personen-Gesellschaft zu wählen.

2.2. Tätigkeitsbereich

Die Abgrenzung und hinreichende Bestimmung des Tätigkeitsbereiches der GmbH ist in mehrfacher Hinsicht von Bedeutung.

Zum einen muss er die tatsächliche Tätigkeit der späteren GmbH abdecken. Es genügt nicht, den Zweck der GmbH

("Gewinnerzielungsabsicht") anzugeben,[105] erforderlich ist vielmehr eine Definition des Unternehmensgegenstandes ("Betrieb von Autohäusern"). Das klingt leichter, als es in vielen Fällen tatsächlich ist. Immerhin soll die GmbH ja lange existieren, also ist es sehr wahrscheinlich, dass sie sich eines Tages auch mit anderen Dingen befasst als ursprünglich angedacht. Hinzu kommt, dass es auch eine Reihe von Annexgeschäften zum hauptsächlichen Unternehmensgegenstand gibt, die bedacht werden wollen. Eine GmbH etwa, sie einen Autohandel betreibt, sollte ihren Geschäftszweck von vorneherein auch auf den Erwerb und die Verwaltung der Betriebsimmobilie ausrichten, auch wenn sie derzeit nur Mieterin ist. Natürlich kann man den Zweck der GmbH später entsprechend ändern, dies kostet aber zusätzliches Geld, da es ein erneutes beurkundungspflichtiges Geschäft ist.[106]

Zum zweiten muss man darauf achten, den Geschäftszweck nicht so weit zu fassen, dass er unnötigerweise erlaubnispflichtige Tatbestände erfasst. Wer bei der "Verwaltung von Immobilien" das Wort "eigene" vergisst, rutscht automatisch in die Erlaubnispflicht nach § 34c GewO. Wer nicht tatsächlich als Makler oder Bauträger etc. tätig werden will, sollte sich diese gewerberechtliche Zuverlässigkeitsprüfung ersparen, auch wenn zu keiner weiteren Verzögerung im Gründungsverfahren mehr führt.

---

[105] Roth in Roth/Altmeppen, GmbHG, § 3 Rz. 25
[106] § 53 GmbHG

2.3. Wahl der richtigen Firma

Ein wichtiger Punkt bei der Gründung einer GmbH ist deren Firma, also der Handelsname der GmbH, unter der sie nach außen auftritt.[107]

Die GmbH ist – anders als Personengesellschaften oder Kaufleute – zur Führung einer Sachfirma berechtigt (aber nicht verpflichtet). Die Namen der Handelnden müssen daher in der Firmierung nicht erscheinen, für viele ein großer Vorteil der GmbH, der freilich durch die Vorschrift relativiert wird, wonach auf Geschäftsbriefen der GmbH die Person des Geschäftsführers zwingend kenntlich gemacht werden muss.[108]

Das Firmenrecht wurde weitgehend liberalisiert, hiervon profitiert auch die GmbH. So sind jetzt Fantasiebezeichnungen ausdrücklich zugelassen.[109] Natürlich muss die Firma der GmbH auch den allgemeinen firmenrechtlichen Anforderungen des Handelsgesetzbuches entsprechen, sie muss also kennzeichnend, unterscheidend und nicht irreführend sein.[110] Insoweit gilt auch für die Sachfirma der GmbH nichts Besonderes.[111]

Hier sind zusätzlich zwei Dinge zu berücksichtigen: Die GmbH kann zwar durchaus mehrere unterschiedliche

---

[107] §§ 17 ff HGB, siehe Anhang Ziff. VI 5.5
[108] § 35a GmbHG
[109] Scholz/Emmerich GmbHG § 4 Rz. 6
[110] vgl. §§ 17 ff HGB
[111] Einzelheiten zum allgemeinen Firmenrecht bei Baumbach/Hopt, HGB, § 17 Rz. 1 ff

Unternehmen führen, jedoch immer nur eine Firma.[112] Dies ist beim Einzelkaufmann anders.

Es gilt – auch im Fall einer Firmenfortführung nach § 22 HGB (eine GmbH kauft ein Einzel-Unternehmen und führt es und die alte Firma fort) - die unbedingte Pflicht, immer und ausnahmslos die Bezeichnung „Gesellschaft mit beschränkter Haftung" oder eines der eingebürgerten Kürzel (Ges. m.b.H, Gesellschaft m.b.H., GmbH, G.m.b.H.) als Firmenbestandteil zu führen.[113]

2.4. Gesellschafterkreis, Familiengesellschaft

Von grundsätzlicher Bedeutung ist naturgemäß, im Vorfeld den Gesellschafterkreis zu bestimmen.

Auch wer ein überzeugter Verfechter einer Einmann-GmbH ist, sollte gleichwohl erwägen, einen zweiten Gesellschafter aufzunehmen. Es wurde bereits dargestellt, dass insbesondere Einpersonengesellschaften besonders anfällig für die Durchgriffshaftung sind, da ihnen die fehlende Kontrolle der Geschäftsführung durch den Gesellschafter immanent ist. Wer einen zweiten, von der eigenen Person unabhängigen Gesellschafter aufnimmt, wird nicht so schnell wie der Einmann-Gesellschafter-Geschäftsführer in den Ruch der Vermögensvermischung kommen.[114] Allerdings ist das Problem der Durchgriffshaftung kein alleiniges Phänomen der Einmann-GmbH, es kann überall auftreten.

---

[112] Scholz/Emmerich, GmbHG, § 4 Rz. 6
[113] § 4 GmbHG
[114] vgl. Kapitel II Ziff. 7.2

Auch Minderjährige können Gesellschafter (nicht aber Geschäftsführer!) einer GmbH werden, allerdings ist hierfür nach herrschender Meinung eine Genehmigung des Vormundschaftsgerichts nach § 1822 BGB erforderlich,[115] was diesen Weg unpraktikabel erscheinen lässt.

Ein kurzes Wort noch zu der Familiengesellschaft. Hierbei handelt es sich nicht um einen Terminus technicus, sondern vielmehr um die Zusammenfassung eines Phänomens, das all jene Konstellationen zusammenfasst, in denen sich Mitglieder einer Familie zum Betrieb einer Gesellschaft zusammenschließen. Dies beginnt bei der kleinen Zweipersonen-GmbH bestehend aus Ehemann und Ehefrau und geht hin bis zu komplexen, meist durch Erbfolge ausgelösten Familien-GmbHs mit einer Vielzahl von Gesellschaftern, deren Interessen oftmals gegenläufiger Natur sind. Wer eine Familien-GmbH zu gründen beabsichtigt, sollte sich immer bewusst sein, dass die engen Familienbande rasch in das Gegenteil umschlagen können. Geschieht dies, ist man einem Gesellschafter ausgeliefert, der im schlimmsten Fall nur noch destruktive Absichten verfolgt. Familien-Gesellschaften bedürfen daher unbedingt der sorgfältigen Planung und Strukturierung, selbst in dem für uns allein relevanten Fall der „kleinen Familiengesellschaft" aus zwei Familienmitgliedern. Auch hier müssen Mechanismen vorgesehen werden, die es einem Gesellschafter erlauben, im Zweifel auch gegen den Willen des anderen die Gesellschaft ohne ihn fortzusetzen, was naturgemäß bedingt, dass es einen Mehrheitsgesellschafter geben muss. Dessen Rechte müssen in der

---

[115] wegen der belastenden Nachschusspflicht gem. § 24 GmbHG, Münchner Komm./Scholz § 1822 Rz. 25)

Satzung in Bezug auf die Geschäftsführung, aber auch in Bezug auf die Kündigung der Gesellschaft, auf Vorkaufsrechte an den Anteilen des anderen Gesellschafters etc. von vorneherein so ausgestaltet werden, dass der Hauptgesellschafter jederzeit die Reißleine ziehen kann.

2.5. Geschäftsführer

Wenn Klarheit über den Gesellschafterkreis besteht, muss über die Geschäftsführung nachgedacht werden.

Wer einen Fremdgeschäftsführer einstellt (oder wenn nur eine Person aus dem Gesellschafterkreis Geschäftsführer werden soll), wenn also die Kontrollrechte der Gesellschafter von größerer Bedeutung als etwa in der Einmann-GmbH sind, müssen grundsätzliche Regelungen über die Befugnisse der Geschäftsführer angedacht werden. Hierzu mehr gleich beim Thema Satzung.

Im Vorfeld sollte man aber immer berücksichtigen, dass viele spätere Streitigkeiten vermieden werden können, wenn die Geschäftsführungsbefugnisse der Beteiligung an der Gesellschaft entsprechen. Halten etwa zwei Personen je 50% einer GmbH, spricht viel dafür, beide zu gleichberechtigten Geschäftsführern zu bestellen. Sind die Beteiligungsverhältnisse hingegen asymmetrisch, ist der Keim zum Dissens gelegt, wenn der Minderheitsgesellschafter auf Geschäftsführerebene gleiche Befugnisse hat. Auf der anderen Seite bereiten paritätische GmbHs oftmals große, unauflösbare Probleme, wenn sie die Gesellschafter zerstreiten. In dem Fall ist es besser für das Unternehmen, wenn letztlich einer das Sagen hat.

Hat die GmbH mehrere Geschäftsführer, so muss überlegt werden, wie deren Kompetenzen voneinander abgegrenzt werden. Allen im Außenverhältnis alles zu gestatten und die Kompetenzverteilung auf das Innenverhältnis zu beschränken – etwa im Rahmen der Geschäftsführer-Anstellungsverträge – ist eine praktikable, weil flexible Variante, die freilich dann keinen Schutz bietet, wenn ein Geschäftsführer seine Kompetenzen überschreitet und die Gesellschaft unverhältnismäßig verpflichtet. Ist eine solche Gefahr – z. B. bei einem Fremdgeschäftsführer – absehbar, muss die Kompetenzverteilung allerdings in der Satzung festgeschrieben werden.

Ein besonderes Problem in der Praxis wirft oftmals die Verteilung der Kompetenz in kaufmännische und technische Befugnisse auf. Während der Techniker brav vor sich hin werkelt, gibt der Kaufmann das Geld aus und sorgt so für latenten Unfrieden. So sinnvoll eine derartige Kompetenzverteilung in der Sache auch sein mag, so sehr ist sie auch geeignet, für nachhaltigen Unfrieden zu sorgen. Man sollte eine derartige Kompetenzverteilung nur dann wählen, wenn sie aus Gründen der Spezialisierung wirklich erforderlich ist, also nur bei Unternehmen mit hohem Umsatz und einem entsprechend ausgeprägten kaufmännischen Betrieb.

Nach den Vorschriften des GmbH-Gesetzes sind Geschäftsführer immer und unabhängig von dem Bestand und dem Inhalt des Anstellungsvertrages von der Gesellschafterversammlung abrufbar;[116] sie kann jedoch in der Satzung auf das Vorliegen eines wichtigen Grundes beschränkt

---

[116] § 38 Abs. 1 GmbHG

werden,[117] was immer dann sinnvoll ist, wenn die Person des Geschäftsführers für den Geschäftsgegenstand der GmbH von zentraler Bedeutung ist, er also solange unverzichtbar ist, wie er keinen wichtigen Kündigungsgrund (z. B. Handeln gegen das Interesse der Gesellschaft,[118] Straftaten in Zusammenhang mit der Geschäftsführung, Verstöße gegen satzungsmäßige oder vertragliche Verpflichtungen gegenüber der GmbH[119] oder Ähnliches). Formulierungen hierzu finden sich in der Mustersatzung im Anhang.

3. Durchführung der Gründung

3.1. Formulierung der Satzung

Ist man sich über die Grundzüge seiner GmbH im Klaren, kann man an die konkrete Gründung gehen. Diese beginnt mit der Ausformulierung der Satzung, der „Verfassung" der GmbH.

Und spätestens hier stellt sich erstmals eine Frage, die sich wie ein roter Faden durch den gesamten Gründungsprozess zieht: Soll ich mich hierbei beraten lassen?

Die Antwort ist schwierig und sehr vom Einzelfall abhängig, lediglich eines kann man immer klar sagen: Hände weg von Beratern, die nicht Juristen sind. Bereits das Rechtsberatungsgesetz verbietet die Rechtsberatung durch

---

[117] § 38 Abs. 2 GmbHG
[118] § 43 GmbHG
[119] § 37 Abs. 1 GmbHG

Nicht-Juristen. Den Rat solcher „Unternehmensberater" einzuholen kostet nur unkalkulierbar viel Geld und führt zu nichts.

Doch: Brauche ich jetzt schon einen Juristen, der mich teuer berät? Die offizielle Antwort kann natürlich nur lauten: ja! Die Satzung einer GmbH ist überwiegend Juristerei und die gehört nun einmal in die Hände von Juristen.

Aber der Rat von Juristen kostet, auch das ist nun einmal so. Wir jedoch wollen unsere GmbH so preiswert wie möglich gründen, also jeden überflüssigen Gebührenballast vermeiden. Auf der anderen Seite macht es keinen Sinn, eine von vorneherein mit sachlichen Fehlern behaftete GmbH zu gründen, denn das Ausbügeln vermeidbarer Fehler kostet meist mehr als eine vernünftige Beratung zu Beginn. Was also tun?

Einen Königsweg, der den Ausweg aus diesem Dilemma weist, gibt es nicht. Klar ist: Wer eine komplexe, große, wirtschaftlich bedeutende GmbH mit mehreren Geschäftsführern und Gesellschaftern gründet, kommt an umfassender anwaltlicher Beratung bereits im Vorfeld nicht vorbei. Doch das ist nicht unser Thema. Was ist mit der kleinen Einmann-GmbH, die ein durchaus erfahrener selbstständiger Kaufmann gründet, um seine Geschäfte fortan über sie abzuwickeln? Immerhin kann ein Rechtsanwalt für die Beratung im Zuge der Abfassung einer GmbH-Satzung ohne weiteres runde 500 Euro berechnen.[120] Und ist da nicht noch der Notar? Der hat ja

---

[120] gerundet; Einzelheiten der Gebührenberechnung siehe Kapitel 11.4; im Einzelfall kann das Honorarvolumen noch wesentlich höher ausfallen

immerhin auch einmal Jura studiert und müsste eigentlich auch Bescheid wissen!

Das tut er auch, und zwar oftmals sogar besser als der Rechtsanwalt, denn GmbH-Gründungen gehören zum Brot- und Butter-Geschäft deutscher Notare. Und: Wer zum mit einer konkreten Satzungsidee zum Notar kommt, hat Anspruch darauf, dass dieser den Entwurf im Rahmen seiner Notartätigkeit prüft, ohne dafür besondere Gebühren zu erheben. Selbst die Erstellung des Urkundenentwurfes als solchem ist Teil der Beurkundung und daher von der Beurkundungsgebühr mit umfasst.[121] Das betrifft freilich nur den beurkundungspflichtigen Teil des Geschäfts, nicht aber automatisch auch alles andere, was damit zusammenhängt. Bei der Gründung der GmbH bedarf die Satzung jedoch bereits als solche der notariellen Form,[122] ihr Entwurf ist daher jedenfalls in den Grenzen des zwingend vorgeschriebenen Inhalts[123] von den Gebühren des Notars für die Beurkundung mit abgegolten. Doch gilt das auch für andere Dinge wie etwa Einzelheiten zur Frage, was bei der Pfändung von Geschäftsanteilen durch Gläubiger von Gesellschaftern geschieht? Oder Fragen der Erbfolge in Geschäftsanteile? Oder eine detaillierte firmenrechtliche Beratung? Darf der Notar in diesen Fällen gesondert abrechnen oder ist seine Tätigkeit auch insoweit von den Beurkundungsgebühren abgegolten?

---

[121] § 24 Abs. 1 BNotO
[122] § 2 Abs. 1 Satz 1 GmbHG
[123] vgl. § 3 GmbHG

Die Abgrenzung ist fließend und nicht immer einfach zu treffen.

Zunächst: Es gibt Bereiche, in denen der Notar überhaupt nicht beraten darf. Dann stellt sich auch nicht die Gebührenfrage. So darf der unparteiische Notar unter keinen Umständen nur einen von mehreren Gesellschaftern beraten, wenn es etwa darum geht, die Rechte der Gesellschafter voneinander abzugrenzen.

In anderen Fällen gilt: Besteht ein enger innerer Zusammenhang mit der Beurkundungstätigkeit und stellt die Betreuung eine der Urkundstätigkeit zuzurechnende unselbstständige Nebentätigkeit dar, so löst die weitere Betreuung keine gesonderte Gebühr aus. Unselbstständig sind in der Regel alle Handlungen, die der Notar nicht aufgrund eines besonderen Ansuchens übernimmt, sondern die ihm zur Abwicklung einer anderen Tätigkeit als Amtspflicht obliegt.[124] Ob dies der Fall ist, wird man nur unter Berücksichtigung aller Umstände des Einzelfalls nachvollziehen können, in den meisten Fällen wird man jedoch davon auszugehen haben, dass der Notar im Rahmen der Beurkundung einer GmbH-Gründung auch umfassend über die Satzung und ihren Inhalt zu belehren und beraten hat und dass diese Beratung auch z. B. die oben angesprochenen Fragen erfasst.

In jedem Fall ist es richtig, sich vorab zu informieren, wie eine Satzung auszusehen hat und sich so gewappnet – eventuell gar mit einem eigenen Entwurf – zum Notar zu begeben. Sollte sich dann im (seltenen) Einzelfall über den gesetzlichen Beurkundungsrahmen hinausgehender Be-

---

[124] grdl. BGH DNotZ 1979, 494

ratungsbedarf abzeichnen, wird der Notar darauf hinweisen. Deshalb an dieser Stelle der Rat: Lassen Sie den Notar entscheiden, ob weitere Beratung notwendig ist oder nicht. Er vermag dies besser zu beurteilen als jeder Rechtssuchende. Erkennt der Notar weiteren Beratungsbedarf, den er nicht zu erfüllen kann (oder darf), hat er meistens auch eine gute Empfehlung parat, an wen man sich wenden kann. Nicht jeder Jurist kennt sich in dieser Materie gleichermaßen gut aus.

3.2. Notar

Der Notar prüft zunächst das Vorhaben. Im besten Fall – er hat nichts Wesentliches auszusetzen und äußert keine Bedenken gegen das Unternehmen – wird er die Satzung entwerfen und beurkunden und die Anmeldeunterlagen für die GmbH beglaubigen. Hierzu müssen alle Gesellschafter und Geschäftsführer anwesend oder wirksam vertreten sein und sich ausweisen. Vollmachten zur Gründung bedürfen immer der notariell errichteten oder beglaubigten Vollmacht.[125]

Wohnen die beteiligten Personen an weit voneinander entfernten Orten, besteht auch die Möglichkeit, dass bei der Beurkundung eine andere Person als vollmachtloser Vertreter auftritt und der entfernte Gesellschafter die Urkunde dann an seinem Wohnort bei einem dortigen Notar persönlich genehmigt. Die hiermit verbundenen Mehrkosten sind geringer als die einer notariell errichteten Gründungsvollmacht, zu berücksichtigen ist aber auch der mit einem

---

[125] § 2 Abs. 2 GmbHG

solchen Verfahren zwangsläufig einhergehende Zeitverlust, denn der Notar kann keinen Eintragungsantrag beim Handelsregister stellen, ohne dass ihm alle Erklärungen abschließend in der erforderlichen Form vorliegen.

3.3. Genehmigungen, Stellungnahmen

In Fällen einer erlaubnispflichtigen Tätigkeit (z. B. nach § 34c GewO) muss darüber hinaus die erforderliche Erlaubnis eingeholt werden. Diese ist regelmäßig mit einem Zuverlässigkeitsnachweis der handelnden Personen (Vorstrafen, frühere Verstöße gegen das Gewerberecht etc.) verbunden. Diese Prüfung hindert jedoch nicht mehr die Eintragung der GmbH, es muss jedoch innerhalb von drei Monaten nachgewiesen werden, dass die Genehmigung erteilt wurde, andernfalls wird die Gesellschaft wieder gelöscht.

3.4. Einzahlung des Stammkapitals

Spätestens bei Eintragung der Gesellschaft muss das Stammkapital eingezahlt werden. Dieses beträgt mindestens 25.000 Euro, nach oben sind keine Grenzen gesetzt. Wer eine Bargründung wählt (zur Sachgründung gleich), versichert bei der Gründung notariell, dass er über das Stammkapital verfügt. Dies genügt zur Anmeldung der Gesellschaft, der Nachweis des Geldeingangs auf einem Konto, das der Gesellschaft zuzuordnen ist, wird nicht mehr gefordert. Natürlich muss die Versicherung der Wahrheit entsprechen und anschließend kurzfristig in die Tat umgesetzt werden, andernfalls droht die Durchgriffshaftung auf das Gesellschaftervermögen.

Es genügt zunächst die Einzahlung von ¼ des Stammkapitals, mindestens jedoch 12.500 Euro. Auch der einzige Gesellschafter einer GmbH kann nunmehr von diesem Privileg Gebrauch machen.

3.5. Sonderfall Sachgründung

Von der Möglichkeit der Sachgründung machen nur die wenigsten Gründer Gebrauch, da sie zeitaufwendig ist. So ist dem Gründer zwar grundsätzlich gestattet, anstelle von Geld Sacheinlagen in die GmbH einzubringen, wegen der damit verbundenen Missbrauchsgefahr muss jedoch immer eine objektive Bewertung der eingebrachten Vermögenswerte erfolgen,[126] die naturgemäß teuer und langwierig ist.

Hinzu kommt das Problem der Nachhaltigkeit: Werden etwa Vermögenswerte in die GmbH eingebracht, deren dauerhafter Wert zweifelhaft ist (etwa Urheberrechte an Büchern in eine Verlags-GmbH, deren Wert unter Umständen binnen Kurzem wesentlich verlieren kann; Gleiches kann z. B. für die Einbringung eines teuren, exotischen Fahrzeugs in die GmbH gelten), so hindert das zwar nicht deren Gründung (sofern der Wert der eingebrachten Vermögensgegenstände im Gründungszeitpunkt nachgewiesen ist), aber es besteht das Risiko der Unterkapitalisierung der Gesellschaft, mit der eine Pflicht einhergeht, Insolvenz anzumelden[127] (oder eben Kapital nachzuschießen). Die Sachgründung eignet sich daher nur in seltenen Fällen (es sind objektiv bewertete, nachhaltige

---

[126] § 5 Abs. 4 GmbHG; § 8 Abs. 1 Ziff. 5 GmbHG
[127] § 64 GmbHG

Vermögenswerte vorhanden, die nicht zum Verkauf vorgesehen sind, z. B. Immobilien) zur raschen Gründung einer einfachen, unkomplizierten GmbH und selbst dann ist es oftmals ratsamer, die Vermögensgegenstände zu beleihen, als sie für eine Sachgründung zu verwenden.

Wer gleichwohl den Weg einer Sachgründung wählt, muss einen Sachgründungsbericht aufstellen,[128] der die für die Angemessenheit der Sacheinlagen maßgeblichen Umstände darlegt. In der Regel wird man hierzu Bewertungsgutachten von öffentlich bestellten Gutachtern vorlegen, zwingend vorgeschrieben sind solche freilich nicht. Wer z. B. ein Einzelunternehmen in eine GmbH einbringt (der Autohandel wurde bislang unter einer Einzelfirma geführt und nun in eine GmbH überführt werden, das Inventar soll als Sacheinlage dienen), muss darüber hinaus die Jahresergebnisse der beiden letzten Geschäftsjahre angeben,[129] um den nachhaltigen Wert der Sacheinlagen zu dokumentieren. Bei der Anmeldung der Gesellschaft zum Handelsregister müssen schließlich die Unterlagen beigefügt werden, aus denen sich ergibt, dass der Wert der Sacheinlagen den Betrag der übernommenen Stammeinlagen erreicht.[130] Hierfür reicht in der Regel der mit den Wertgutachten versehene Sachgründungsbericht aus.

---

[128] § 5 Abs. 4 Satz 2 GmbHG
[129] § 5 Abs. 4 GmbHG
[130] § 8 Abs. 1 Ziff. 5 GmbHG

3.6. Anmeldung zum Handelsregister

Nun kann der Notar die Anmeldung der GmbH zum Handelsregister zusammenstellen. Diese muss enthalten:[131]

- den Gesellschaftsvertrag
- die Legitimation der Geschäftsführer
- eine von den Anmeldenden unterschriebene Liste der Gesellschafter, aus welcher Name, Vorname, Geburtsdatum und Wohnort der Letzteren sowie der Betrag der von einem jeden derselben übernommenen Stammeinlage ersichtlich ist,
- im Fall der Sachgründung die Verträge, die den Festsetzungen zugrunde liegen oder zu ihrer Ausführung geschlossen worden sind, und der Sachgründungsbericht,
- im Fall der Sachgründung Unterlagen darüber, dass der Wert der Sacheinlagen den Betrag der dafür übernommenen Stammeinlagen erreicht.

In der Anmeldung ist die Versicherung abzugeben, dass die Stammeinlagen unwiderruflich erbracht werden und dass der Gegenstand der Leistungen sich endgültig in der freien Verfügung der Geschäftsführer befindet. Ferner haben die Geschäftsführer zu versichern, dass keine Umstände vorliegen, die ihrer Bestellung entgegenstehen und den Umfang ihrer Vertretungsbefugnis darzulegen. Die Anmeldung erfolgt mit Umsetzung des EHUG auf elektronischem Weg.

---

[131] § 8 GmbHG

3.7. Eintrag ins Handelsregister

Das beim zuständigen Amtsgericht eingerichtete Handelsregister prüft den Eintragungsantrag. Stellt es Fehler fest, gibt es in der Regel zunächst die Gelegenheit zur Nachbesserung scheitert diese oder sind die Fehler in der Gründung oder Anmeldung grundsätzlicher Natur, lehnt es die Eintragung ab.[132] Andernfalls wird die GmbH in die zweite Abteilung des Handelsregisters eingetragen, erhält eine Registrierungsnummer und ist damit errichtet. Sie entsteht erst zu diesem späten Zeitpunkt.[133]

In das Handelsregister wird Folgendes eingetragen:[134]

- Firma der GmbH
- Sitz der Gesellschaft
- Zweck der GmbH
- Höhe des Stammkapitals gemäß der Satzung
- Name, Geburtsdatum und Wohnort der Geschäftsführer
- ggf. Prokura
- Liste der Gesellschafter der GmbH
- Rechtsverhältnisse der GmbH (etwa Bestimmung der aktuellen Fassung der Satzung, Vertretungsbefugnis der Geschäftsführer und

---

[132] § 9c GmbHG
[133] § 11 Abs. 1 HGB, zum Rechtszustand vor der Eintragung vgl. Ziff. 5.1 f. in diesem Kapitel
[134] § 10 GmbHG

Prokuristen, Ausnahmen vom Verbot des Selbstkontrahierens oder Ähnliches

Die Eintragungen im Handelsregister sind öffentlich und werden mit Umsetzung des EHUG nur noch auf elektronischem Weg (Internet) veröffentlicht.

Zu beachten ist ferner, dass jede nachträgliche Änderung aller eintragungsrelevanten Tatsachen ihrerseits einzutragen ist.

3.8. Gewerbeaufsicht, Finanzamt

Nimmt die GmbH erst an dieser Stelle ihre gewerbliche Tätigkeit auf, muss sie dies dem zuständigen Gewerbeaufsichtsamt und dem Finanzamt für Körperschaften anzeigen. Die Anmeldung bei den Finanzbehörden ist kostenfrei, für die Anmeldung beim Gewerbeaufsichtsamt sind (regional verschieden) geringe Gebühren fällig.

Eine Eröffnungsbilanz muss gefertigt werden, in komplizierten Fällen ist es erforderlich, hierzu einen Steuerberater einzuschalten.

Nimmt, wie vielfach üblich, die GmbH bzw. die hinter ihr stehenden Personen bereits im Gründungs- oder gar im Vorgründungsstadium ihr Gewerbe auf, so ist dieser Schritt natürlich bereits zu diesem Zeitpunkt fällig. Für erlaubnispflichtige Gewerbe gilt unabhängig von der Rechtsform des Unternehmens, dass die erforderliche Erlaubnis spätestens bei Aufnahme der Tätigkeit vorliegen muss.

Ob im Einzelfall die einer natürlichen Person erteilte Erlaubnis auf eine von dieser Person beherrschte GmbH übergeht, hängt von dem Charakter des Erlaubnisvorbehalts ab. Ist diese höchstpersönlicher Natur, gilt sie nicht für die GmbH, sollte aber auch für diese leicht zu erlangen sein, wenn die handelnden Personen identisch sind.

4. Kosten und Gebühren

Man kann die Kosten im wesentlich in vier Bereiche einteilen, nämlich die Kosten des Notars, die des Handelsregisters, die anderer beteiligter Behörden bzw. Körperschaften und die eventueller juristischer Berater.

4.1. Notar

Der Notar erhält für die Beurkundung der Satzung einer Einmann-GmbH eine 10/10 Gebühr,[135] sind mehrere Gesellschafter vorhanden, berechnet er eine 20/10 Gebühr.[136] Der Geschäftswert wird im Regelfall mit dem gezeichneten Stammkapital übereinstimmen, also meist 25.000 Euro betragen.

Für die Bestellung eines Geschäftsführers fällt eine weitere 20/10 Gebühr an,[137] deren Wert sich ebenfalls am Stammkapital orientiert.[138]

Für die Anmeldung der GmbH beim Handelsregister erhält der Notar eine weitere 5/10 Gebühr,[139] sodass sich sein

---

[135] § 36 Abs. 1 KostO
[136] § 36 Abs. 2 KostO
[137] § 47 KostO
[138] § 26 Abs. 4 Nr. 1 KostO
[139] § 38 Abs. 2 KostO

Gebührenanspruch (sofern keine weitere gebührenpflichtige Tätigkeit vorliegt) im Normalfall auf 350 bis 500 Euro beläuft.

Hinzu kommen die Auslagen des Notars und die gesetzliche Mehrwertsteuer. Im Normalfall ist es wegen der Vorsteuerabzugsberechtigung sowie der steuerlichen Abzugsfähigkeit der Gründungskosten angezeigt, die Rechnung an die GmbH (in Gründung) zu adressieren und von deren Konto anzuweisen.

Die aktuellen Gebührensätze und die Gebührentabelle sind jeweils unter *http://www.bnotk.de/Notar/Berufsrecht/Kostenordnung.php* zu finden.

4.2. Register

Das Handelsregister berechnet für die Eintragung der GmbH eine 10/10 Gebühr,[140] deren Wert auch im Fall einer GmbH mit einem geringeren Mindeststammkapital immer mindestens 50.000 Euro beträgt.[141] Die aktuellen Gebührensätze und die Gebührentabelle sind jeweils unter *http://www.bnotk.de/Notar/Berufsrecht/Kostenordnung.php* zu finden.

4.3. Andere Stellen

Die Kosten für die zwingende Mitwirkung anderer Stellen (Gewerbeaufsichtsamt, IHK, andere Stellen) sind regional

---

[140] § 79 KostO
[141] § 26 Abs. 3 Nr. 3 KostO, bei mehreren eintragungspflichtigen Tatsachen bestimmt sich der Wert nach der Wertesumme (§ 26 Abs. 8 KostO)

unterschiedlich, aber auch in der Summe vergleichsweise gering.

4.4. Rechtsanwalt

Die Kalkulation von anwaltlichen Beratungskosten ist schwierig. Seit 2004 gilt das Rechtsanwaltsvergütungsgesetz, das die langjährige Bundesrechtsanwaltsgebührenordnung abgelöst hat und in vielen Fällen die Anwaltskosten nicht unerheblich in die Höhe getrieben hat. Die Behandlung von außergerichtlicher Beratung - um die es hier geht - ist freilich nach wie vor wenig klar geregelt und lässt einen weiten Beurteilungsspielraum, der die Prognose der Anwaltskosten in diesem Sektor schwierig macht. Im Einzelfall ist der konkrete Gebührenansatz nicht immer leicht zu prognostizieren, sodass man sich vorher danach erkundigen sollte.

5. Sonderfall der GmbH in Gründung

Erst mit dieser Eintragung entsteht die Gesellschaft, erst hiermit ist sie rechtsfähig und kann im Rechtsverkehr handeln. Zu diesem Zeitpunkt beginnt auch erstmals der Schutz der Handelnden vor der persönlichen Inanspruchnahme für Verbindlichkeiten der Gesellschaft.[144]

Doch was geschieht in der Zeit zwischen Gründung und Eintragung? Muss man bis zur Eintragung warten, bis man das Gewerbe aufnehmen kann? Diese Frage ist oftmals von praktischer Bedeutung, denn wer will mit der Aufnahme

---

[144] § 11 Abs. 1 GmbHG

seiner gewerblichen Tätigkeit schon warten? Natürlich könnte man diese Phase überbrücken, indem man zunächst im Rahmen einer Einzelfirma tätig wird, aber dann müsste man das Gewerbe innerhalb kurzer Zeit beim Gewerbeaufsichtsamt und dem Finanzamt an- und abmelden, mit allen damit verbundenen Formalien und Erklärungen. Es wäre oftmals besser, schon im Vorfeld die GmbH in Gründung nutzen zu können, auch wenn diese den Handelnden zweifelsfrei keinen Schutz vor persönlicher Inanspruchnahme bietet.[145]

Das Gesetz erlaubt denn auch die Aufnahme der gewerblichen Tätigkeit im Rahmen der Satzung durch die GmbH in Gründung, wobei es ausdrücklich erklärt, dass die Handelnden – also in erster Linie der Geschäftsführer, unter Umständen aber auch ein Gesellschafter – für alle durch ihre Tätigkeiten verursachten Verbindlichkeiten, gleich welcher Art, persönlich haften.[146] Die GmbH in Gründung oder sog. Vor-GmbH entsteht mit Verabschiedung der Satzung beim Notar und endet mit der Eintragung (oder mit der rechtskräftigen Abweisung des Eintragungsantrages) und unterscheidet sich in ihrer gewerberechtlichen oder steuerrechtlichen Behandlung nicht von der späteren (Voll-) GmbH. Letzteres gilt selbst dann, wenn die Satzung nachträglich (z. B. auf Geheiß des Handelsregisters) geändert werden muss, die steuerrechtlich Identität zwischen Vor-GmbH und GmbH ist erst dann nicht mehr gewahrt, wenn der Unternehmenszweck grundlegend verändert wird oder der Gesellschafterkreis grund-

---

[145] § 11 Abs. 2 GmbHG
[146] § 11 Abs. 2 GmbHG

legende Veränderungen erfährt. Die Grundsätze der Vor-GmbH gelten auch für Einmann-GmbHs im Gründungsstadium, wenngleich die dogmatische Herleitung dieser Rechtsfolge umstritten ist,[147] was uns freilich nicht weiter interessiert, da das Ergebnis von allen gleichermaßen gutgeheißen wird.

Vor dem Hintergrund der eintretenden deutlichen Beschleunigung der Eintragung von GmbHs in das Handelsregister kommt der Rechtsfigur der Vorgesellschaft aber heute keine große Bedeutung mehr zu.

5.1. Vorgründungs-Gesellschaft

Dies alles gilt freilich erst mit Vereinbarung der Satzung der GmbH. Zuvor, im sog. „Vorgründungsstadium", wenn sich also z. B. mehrere Gesellschafter vereinbaren, eine GmbH zu gründen, aber die Satzung noch nicht beurkundet wurde, bilden diese Gesellschafter eine Gesellschaft bürgerlichen Rechts[148] oder, wenn ein Handelsgewerbe betrieben wird, eine offene Handelsgesellschaft (oHG).[149] Würden sie bereits in dieser ersten Phase gewerblich tätig werden, so wäre diese Tätigkeit nicht der späteren GmbH zuzurechnen. Müßig zu betonen, dass auch hier eine unbeschränkte persönliche Haftung der handelnden Personen besteht; sie folgt bereits unmittelbar aus dem Recht der Gesellschaft bürgerlichen Rechts bzw. der oHG. Der Gründer einer Einmann-GmbH wäre in diesem

---

[147] vgl.: Roth in Roth/Altmeppen, GmbHG, § 11 Rz. 75 ff
[148] §§ 705 ff BGB
[149] §§ 105 ff HGB

Stadium als Einzelunternehmer oder Kaufmann anzusehen und würde naturgemäß auch unbeschränkt persönlich haften.

5.2. Haftungsbeschränkung vor Eintragung

Wer im Rahmen einer Vor-GmbH oder gar im Rahmen einer Vor-Gründungs-GmbH handelt, ist nicht vor der persönlichen Inanspruchnahme geschützt. Er kann freilich darüber nachdenken, in diesem Stadium im Rahmen einer GbR mit beschränkter Haftung zu handeln, sofern dies tatsächlich praktikabel ist.[150] Die einzelvertraglich vereinbarte Beschränkung der Haftung auf das Gesellschaftsvermögen ist auch im Rahmen der Vor-GmbH möglich und unter Umständen aufgrund der relativ klaren Haftungsmasse – das Stammkapital der späteren GmbH - sowie des begrenzten Zeitraums jedenfalls dann praktikabel, wenn es sich nicht um ein ausgesprochenes Publikumsgewerbe handelt. Und auch dann kann man die Haftungsbeschränkung zumindest in besonders haftungsträchtigen Geschäftsbeziehungen vereinbaren.

6. Kauf einer GmbH

Es gibt auch andere Wege zur GmbH als deren Gründung. In manchen Fällen kann die hierfür benötigte Zeit nicht abgewartet werden, weil das auszuübende Gewerbe (oftmals ist es nur eine große Transaktion) derart haftungsträchtig und risikoreich (z. B. Anlagegeschäfte) ist, dass

---

[150] Einzelheiten siehe Kapitel II Ziff. 2.3

man sofort des Schutzes der wirksam gegründeten GmbH bedarf. Für den Fall gibt es sogenannte Vorratsgesellschaften (gelegentlich auch als Mantelgesellschaften bezeichnet).

6.1. Vorratsgesellschaft

Vorratsgesellschaften sind GmbHs (oder AGs oder – seit einigen Jahren – auch englische Limiteds) mit standardisierter Satzung, die ohne spezifischen Unternehmenszweck auf Vorrat gegründet wurden. Sie sind bereits im Handelsregister eingetragen und damit voll gegründet. Anstelle der Gründung einer eigenen GmbH erwirbt der Käufer die Geschäftsanteile der Vorrats-GmbH und lässt sich diese abtreten, bestellt sich zum Geschäftsführer und ändert Satzung und Unternehmenszweck so, wie er ihn benötigt.

Damit ist natürlich eine Zeitersparnis verbunden, auf der anderen Seite aber auch deutlich höhere Kosten. Der Notar muss zweimal bemüht werden (bei der Gründung und bei der Abtretung) und die durchweg professionellen Anbieter von Vorratsgesellschaften lassen sich ihre Dienste natürlich auch honorieren. Zwar hat zunehmender Wettbewerbsdruck auch hier die Preise in letzter Zeit eher sinken lassen, aber unter dem Strich liegen die Gesamtaufwendungen naturgemäß deutlich höher als im Fall der Eigengründung.

Wer eine vorgegründete GmbH kauft, zahlt zumeist bei Beurkundung des Abtretungsvertrages einen Kaufpreis von zurzeit etwa 27.500 Euro.[151] Darin enthalten ist ein

---

[151] siehe etwa die Angebote der FORATIS AG unter *www.foratis.com*

Bankkonto der GmbH, auf dem sich das durch die Gründungskosten verminderte Stammkapital befindet. Da die professionellen Anbieter von Vorratsgesellschaften auch die Eröffnungsbilanz der Gesellschaften teuer honorieren lassen, kann es durchaus vorkommen, dass der Kontostand bei lediglich 23.000 Euro einpendelt – bis hierhin hat man also bereits 4.500 Euro weggegeben. Dazu kommen noch die Kosten für die Abtretung des Geschäftsanteils, die (zwingend notwendige) Satzungsänderung, die Abberufung und Neubestellung des Geschäftsführers und die Anmeldung zum Handelsregister. Der weitere Gesamtaufwand beim Notar unterscheidet sich nicht wesentlich von dem einer einfachen Neugründung. Man zahlt also für den Vorteil, von Anbeginn an eine vollwirksame juristische Person zu erhalten, einen Mehrpreis, der sich in Regionen von 4.000 bis 5.000 Euro bewegt.

Hinzu kommt ein wesentlicher weiterer Nachteil: Das Stammkapital muss beim Erwerb einer Vorrats-GmbH immer in voller Höhe von mindestens 25.000 Euro vom Erwerber aufgebracht werden, die Möglichkeit, bei Gründung nur die Hälfte einzuzahlen, besteht faktisch nicht, da Vorratsgesellschaften als Einmann-Gesellschaften gegründet werden und der Verkäufer aus Haftungsgründen immer darauf bestehen wird, dass der Übernehmer das gesamte Stammkapital einzahlt. Nur so kann er sich davor schützen, im Fall einer späteren Insolvenz der Gesellschaft persönlich wegen deren Unterkapitalisierung belangt zu werden.[152]

---

[152] zu den Grundsätzen der Durchgriffshaftung wegen Unterkapitalisierung siehe im Einzelnen Kapitel II Ziff. 7.2

Vereinzelt findet man zwar mittlerweile Anbieter, die auf einen kontierten Nachweis des Stammkapitals verzichten und auf einen Kassenbestand in Höhe des Stammkapitals verweisen. Diese Konstruktion soll dazu dienen, Käufer anzulocken, die das Stammkapital nicht bezahlen können. Dass sie im Zweifelsfall nicht funktioniert und vor allem keine Haftungsbeschränkung gewährt, bedarf keiner weiteren Erläuterung.

Hinzu kommt noch, dass nach der Rechtsprechung die (Wieder- oder Erst-) Aktivierung einer unternehmenslosen GmbH wie eine Neugründung zu behandeln ist.[153] Das bedeutet, dass der Käufer auch nach dem Erwerb einer Vorratsgesellschaft alle Formalitäten einer Neugründung über sich ergehen lassen muss und auch wie ein Gründer persönlich für die Kapitalausstattung haftet – mit der einen Ausnahme, dass seine GmbH bereits eingetragen ist und die Haftungsbeschränkung damit wirksam ist.

Dies ist und bleibt daher das entscheidende Kriterium für eine Vorrats-GmbH. Wer hierauf verzichten kann, ist mit einer Eigengründung besser bedient.

6.2. Übernahme einer werbenden GmbH

Schließlich kann man auch eine ausgediente GmbH kaufen. Angebote in der Tagespresse gibt es immer wieder. Viele ausgediente GmbHs werden nach dem Ableben ihres Unternehmens sozusagen posthum an den Mann gebracht, oft genug für erstaunlich viel Geld. Hier werden gelegentlich Beträge gezahlt, die denen beim Erwerb von Vorrats-

---

[153] umstritten, aber gängige Praxis, vgl. OLG Frankfurt GmbHR 1999, 82

gesellschaften in nichts nachstehen, was kaum nachzuvollziehen ist. Vom Kauf gebrauchter GmbHs mit einem früheren Unternehmen (gleich welcher Art) kann nämlich in aller Regel nur abgeraten werden.

Sollte die GmbH Verbindlichkeiten haben (etwa Steuerschulden), so bleiben diese auch nach der Veräußerung bei der Gesellschaft. Außerdem ist oft gar nicht erkennbar, ob auf eine GmbH, die früher einmal werbend tätig war, zukünftig aus dieser Tätigkeit nicht doch noch Ansprüche zukommen (etwa Gewährleistungsansprüche). Das kann oftmals nicht einmal der alte Geschäftsführer abschließend einschätzen. Ist dies aber später der Fall, kann sich der Kauf ganz schnell als Fass ohne Boden erweisen. Regressansprüche gegen den Verkäufer der GmbH helfen da meist nicht weiter. Sie erweisen sich oftmals als wirtschaftlich wertlos.

Hinzu kommt, dass nach der bereits zitierten Rechtsprechung, wonach die Reaktivierung einer untätigen GmbH einer Neugründung gleichkommt, der Nutzung von steuerlichen Verlustvorträgen heute nur noch in ganz seltenen Fällen gelingt. Wenn Gesellschafter und Unternehmenszweck ausgetauscht bzw. geändert werden, hat sich dieses Thema schon meist von selbst erledigt,[154] sodass vom Kauf einer ehemals werbend tätigen GmbH ohne Geschäftsbetrieb generell abgeraten werden muss.

---

[154] BFH StBl. II 1987, 310; entscheidend ist die wirtschaftliche Identität

IV. ANLAGEN

1.1. Anlage 1: GmbH-Mustersatzung mit Erläuterungen

Hinweis [155]

GESELLSCHAFTSVERTRAG

der Firma

XY-GmbH

§ 1

Firma, Sitz

Die Firma der Gesellschaft lautet:

„XY-GmbH"

Sitz der Gesellschaft ist ....

Kommentar:

Einzelheiten zur Firma der GmbH siehe oben[156]*. Die Firma muss dem Tätigkeitsbereich der GmbH entsprechen, darf nicht irreführend sein und insbesondere muss sie verwechselungssicher sein. Der Umfang der Verwechselungssicherheit bestimmt sich nach dem Tätigkeitsbereich der GmbH; ist diese deutschlandweit tätig, darf sie mit keiner anderen Firma in Deutschland verwechselungsfähig sein. Firmenzusätze wie „Deutschland" oder „International" müssen dem tatsächlichen Tätigkeitsbereich entsprechen.*

Der Sitz der Gesellschaft sollte lediglich mit dem Bezirk angegeben werden, nicht aber mit einer Adresse, um bei einem späteren Adresswechsel innerhalb des Bezirkes keine Satzungsänderung bewirken zu müssen.

---

[155] Dieses Muster hat lediglich hinweisenden Charakter und ersetzt keine Beratung durch Notar oder Rechtsanwalt

[156] Kapitel III Ziff. 2.3

§ 2
Gegenstand

Gegenstand des Unternehmens ist........................., die Verwaltung eigener Beteiligungen sowie alle hiermit in Zusammenhang stehenden Geschäfte.

Die Gesellschaft kann sich an anderen Unternehmen gleicher Art beteiligen und solche erwerben. Die Gesellschaft kann unter der gleichen Voraussetzung Zweigniederlassungen errichten.

Kommentar:

Einzelheiten zum Unternehmensgegenstand und seiner Definition siehe im Text[157]. Die Ergänzung in Abs. 2 ist auch dann sinnvoll, wenn Beteiligungen oder Zweigniederlassungen noch nicht konkret geplant werden.

§ 3
Stammkapital

Das Stammkapital der Gesellschaft beträgt 25.000 Euro

Kommentar:

Die Angabe des Stammkapitals ist verpflichtend. Gibt es mehrere Gesellschafter, ist an dieser Stelle auch die Aufteilung des Stammkapitals vorzunehmen. Bei Sachgründungen muss der Gegenstand der Sacheinlage (z.B. Grundstück) und der Betrag des Stammkapitals, auf die sich die Sacheinlage bezieht, festgesetzt werden.[158] Einzelheiten zur Sachgründung siehe Text.[159]

§ 4
Kündigung

---

[157] Kapitel III Ziff. 2.2
[158] § 5 Abs. 3 GmbHG
[159] Kapitel III Ziff. 3.5

Die Gesellschaft kann jeweils nur auf das Ende eines Kalenderjahres mit einer Frist von 12 Monaten gekündigt werden.

Die Kündigung bedarf der Schriftform.

Kommentar:

Diese frei wählbare Regelung dient der Kontinuität der Gesellschaft.

Das Schriftformerfordernis ist aus Gründen der Beweissicherheit wichtig, es schließt mündliche Kündigungen aus. Weitere Erfordernisse (etwa die Übermittlung per Einschreiben/Rückschein) sind nicht erforderlich, da es bereits nach dem BGB auf den Zugang der (schriftlichen) Erklärung beim Empfänger ankommt[160], den der Erklärende nach allgemeinen Regeln zu beweisen hat. Wie er dies erreicht (ob durch persönliche Übergabe oder auf anderem Wege, etwa eine Postzustellungsurkunde) kann man ihm überlassen.

Die gesetzlichen Auflösungsgründe[161]:

1. *Ablauf der im Gesellschaftsvertrag bestimmten Zeit;*
2. *Beschluss der Gesellschafter; derselbe bedarf, sofern im Gesellschaftsvertrag nicht ein anderes bestimmt ist, einer Mehrheit von drei Vierteilen der abgegebenen Stimmen;*
3. *gerichtliches Urteil oder durch Entscheidung des Verwaltungsgerichts oder der Verwaltungsbehörde in den Fällen der §§ 61 und 62;*
4. *Eröffnung des Insolvenzverfahrens; wird das Verfahren auf Antrag des Schuldners eingestellt oder nach der Bestätigung eines Insolvenzplans, der den Fortbestand der Gesellschaft vorsieht, aufgehoben, so können die Gesellschafter die Fortsetzung der Gesellschaft beschließen;*
5. *Rechtskraft des Beschlusses, durch den die Eröffnung des Insolvenzverfahrens mangels Masse abgelehnt worden ist;*
6. *Rechtskraft einer Verfügung des Registergerichts, durch welche nach den §§ 144a, 144b des Gesetzes über die Angelegenheiten der freiwilligen Gerichtsbarkeit ein Mangel des Gesellschaftsvertrags oder die Nichteinhaltung der Verpflichtungen nach § 19 Abs. 4 dieses Gesetzes festgestellt worden ist;*
7. *Löschung der Gesellschaft wegen Vermögenslosigkeit nach § 144a des Gesetzes über die Angelegenheiten der freiwilligen Gerichtsbarkeit.*

---

[160] § 130 BGB
[161] § 60 GmbHG

können bei Bedarf um weitere Tatbestände ergänzt werden. Regelmäßig erforderlich ist dies aber nicht.

Dieser Satzungsentwurf regelt nicht, was im Fall der Auflösung der GmbH geschieht. Es gelten daher die gesetzlichen Regelungen[162], die abgekürzt folgendes vorsehen:

1. Bestellung von Liquidatoren (meist der oder die Geschäftsführer[163]
2. Abwicklung der laufenden Geschäfte[164]
3. Verteilung des Vermögens an die Gesellschafter im Verhältnis ihrer Anteile[165]

Diese gesetzlichen Regelungen genügen in den meisten Fällen einer kleineren GmbH. Wer hingegen meint, in seinem Fall seien aufwendige Abfindungsformeln erforderlich (etwa, weil der Beitrag der Gründer unterschiedlich war, nur einer hat z.B. wichtige Patente eingebracht), kann abweichende Regelungen treffen.

§ 5
Geschäftsjahr

Geschäftsjahr ist das Kalenderjahr.

Kommentar:

Die Wahl eines abweichenden Geschäftsjahrs ist zulässig, aber nur ratsam, wenn das Geschäft der GmbH saisonalen Besonderheiten unterliegt und der Jahresabschluss zum 31.12. daher kein korrektes Bild der Wirtschaftslage wiedergibt.

§ 6
Verfügung über Geschäftsanteile

Die Veräußerung, die Verpfändung sowie die Abtretung von Geschäftsanteilen oder Teilen von Geschäftsanteilen bedürfen der Zustimmung aller Gesellschafter und der Gesellschaft.

---

[162] §§ 65 ff GmbHG
[163] § 66 GmbHG
[164] § 70 GmbHG
[165] § 72 GmbHG

Kommentar:

Diese Regelung entspricht nicht dem gesetzlichen Leitbild, wonach jeder Gesellschafter frei über seine Anteile verfügen kann. Gerade bei kleinen GmbHs mit einem persönlichen Hintergrund ist eine derartige Verfügungsbeschränkung jedoch sinnvoll. Auch das Erfordernis der Zustimmung der Gesellschaft (und nicht nur der Gesellschafter) ist oftmals sinnvoll, um zu verhindern, dass Gesellschafter aufgenommen werden, die einen negativen Einfluss auf den Geschäftsbetrieb haben können (etwa Wettbewerber, Personen mit einem negativen Leumund etc.).

Man kann die Regelung auch noch um ein Vorkaufsrecht zugunsten der verbleibenden Gesellschafter ergänzen. Diese Regelung sähe dann beispielhaft folgendermaßen aus:

Die verbleibenden Gesellschafter haben ein Vorkaufsrecht an den zu veräußernden Anteilen im Verhältnis ihrer eigenen Anteile zueinander. Machen Gesellschafter keinen Gebrauch von ihrem Vorkaufsrecht, fällt dieses anteilig an die anderen Gesellschafter.

Das Vorkaufsrecht muss innerhalb einer Frist von einem Monat nach Zugang der schriftlichen Anzeige der Verkaufsabsicht ausgeübt werden.

In diesem Fall gelten für das Vorkaufsrecht die Bedingungen des Kaufvertrages mit dem Dritten, insbesondere die hier getroffene Kaufpreisvereinbarung. Dies kann unter Umständen dazu führen, dass mit dem Dritten Mondpreise vereinbart werden, in der Hoffnung, dass die Gesellschafter diese zu akzeptieren haben. Um diese Möglichkeit auszuschließen, kann man eine Kaufpreisklausel einfügen, die den verkaufenden Gesellschafter aber nicht unangemessen benachteiligen darf. Sie könnte folgendermaßen aussehen:

Können sich ausscheidende und erwerbende Gesellschafter nicht über den Kaufpreis einigen, gilt der wahre Wert der Anteile als Kaufpreis vereinbart. Beim Ansatz des wahren Wertes bleibt der good will außer Betracht.

Können sich die Parteien über den wahren Wert nicht einigen, entscheidet hierüber mit verbindlicher Kraft ein Schiedsgutachter. Der Schiedsgutachter wird von der für den Sitz der Gesellschaft zuständigen Industrie- und Handelskammer bestimmt. Die Kosten des Schiedsgutachtens tragen Verkäufer und Käufer je zur Hälfte.

Kommentar:

Man muss sich bei der Wahl einer solchen oder ähnlichen Klausel immer bewusst sein, dass sie auch die Verfügung über eigene Geschäftsanteile beschränkt. Sie empfiehlt sich daher nur dann, wenn der Verkauf der eigenen Anteile unwahrscheinlich ist.

§ 7
Einziehung von Geschäftsanteilen

Die Gesellschaft ist befugt, den oder die Anteile eines Gesellschafters einzuziehen, wenn

1. der Gesellschafter seine Gesellschafterpflichten grob verletzt hat
2. der Gesellschafter ohne Zustimmung der Gesellschaft auf eigene Rechnung tätig ist
3. der Gesellschafter entmündigt wird
4. über das Vermögen des Gesellschafters ein Insolvenzverfahren eröffnet ist
5. über das Vermögen des Gesellschafters ein gerichtliches oder außergerichtliches Vergleichsverfahren eröffnet ist
6. die Zwangsvollstreckung in den Geschäftsanteil betrieben wird.

In den vorgenannten Fällen ist an den betroffenen Gesellschafter ein dem wahren Wert des Geschäftsanteils entsprechendes Entgelt zu zahlen. Bei der Berechnung des wahren Wertes bleibt der good will außer Ansatz.

Das Entgelt ist 6 Monate nach Wirksamwerden der Einziehung zur Zahlung fällig. Es ist mit 2% über dem Diskontsatz der EZB zu verzinsen.

Können sich die Parteien über den wahren Wert nicht einigen, entscheidet hierüber mit verbindlicher Kraft ein Schiedsgutachter. Der Schiedsgutachter wird von der für den Sitz der Gesellschaft zuständigen Industrie- und Handelskammer bestimmt. Die Kosten des Schiedsgutachtens trägt die Gesellschaft.

Kommentar:

Die Befugnis zur Einziehung von Geschäftsanteilen ist wichtig (und im Gesetz so nicht vorgesehen), weil sie verhindert, dass in den genannten Fällen Dritte (etwa der Insolvenzverwalter eines Gesellschafters) Gesellschafter werden. Dies gilt es unbedingt zu verhindern, weil die Interessen dieses Personenkreises in der Regel nicht mit denen der Gründer-Gesellschafter deckungsgleich sind. Das Interesse „fremder" Gesellschafter ist meist kurzfristig finanzieller Natur und kann bis hin zur Auflösung der Gesellschaft gehen. Mit der Einziehung wird bewirkt, dass der „Fremde" kein Gesellschafter wird. Zwar würde ein Pfandgläubiger kein Stimmrecht erhalten[166], aber alleine seine finanziellen Interessen können zu einem endgültigen Scheitern (und damit zur Insolvenz) einer kleinen GmbH führen.

Nicht oder nur in Grenzen verhindern kann man hingegen die Entschädigung für die Einziehung. Dies gilt insbesondere dann, wenn die Einziehung zulasten von Gläubigern (Pfändungsgläubigern eines Gesellschafters) oder zulasten von Vertretern von Gläubigerinteressen (Insolvenzverwalter) vollzogen wird. Wer hier in der Satzung etwa die entschädigungslose Einziehung oder aber die Einziehung zum (meist sehr geringen) Buchwert vorsieht, sieht sich dem Vorwurf der Gläubigerbenachteiligung ausgesetzt. Dies kann schlimmstenfalls zur Folge haben,

---

[166] LG Essen Rechtspfleger 73, 410

dass die gesamte Einziehungsregelung nichtig ist[167]. Man sollte daher die Einziehung unbedingt unter den Vorbehalt einer angemessenen Entschädigung stellen, so wie das Beispiel dies vorsieht.

Ob darüber hinaus eine Ausdehnung dieser Regelung auf den Erbfall eines Gesellschafters erforderlich ist, muss nach den Umständen des Einzelfalles entschieden werden. Wenn die Leistungen und Beiträge der Gesellschafter höchstpersönlicher Natur sind und absehbar ist, dass deren Erben hierzu nicht in der Lage sind, sollte die vorgeschlagene Regelung auch auf den Erbfall ausgedehnt werden.

§ 8
Gesellschafterversammlung

Die Gesellschafterversammlung ist alljährlich mindestens einmal einzuberufen. Die Gesellschafter sind mindestens eine Woche im Voraus vom Geschäftsführer zu laden. Jeder Gesellschafter kann darüber hinaus jederzeit die Einberufung einer Gesellschafterversammlung vom Geschäftsführer verlangen.

Die Beschlüsse der Gesellschafterversammlung werden mit einfacher Mehrheit gefasst, wenn das Gesetz nicht zwingend eine andere Mehrheit vorschreibt.

Das Stimmrecht kann durch Bevollmächtigte ausgeübt werden, wenn der Gesellschafter nicht oder nur unter erschwerten Bedingungen in der Lage ist, das Stimmrecht persönlich auszuüben.

Kommentar:

Die Regelungen über die Gesellschafterversammlung sind dann von Bedeutung, wenn es potentiellen Streit zwischen den Gesellschaftern gibt, bis dahin spielen sie regelmäßig keine große Rolle. Da man nur schwer vorhersehen kann, ob und wann in der Geschichte einer GmbH derartige Konstellationen auftreten, ist es sinnvoll, Grundregeln für die Gesellschafterversammlung bereits bei der Gründung zu implementieren. Wenn es keinen Streit – oder gar nur einen Gesellschafter – gibt, kann man ohnehin stillschweigend auf die Einhaltung der Formalien verzichten[168].

---

[167] OLG Frankfurt BB 76, 1147

[168] § 48 GmbHG; im Fall einer Ein-Mann-GmbH ist aber aus Gründen der Beweissicherung unverzüglich eine Niederschrift über die Gesellschafterversammlung anzufertigen und zu unterschreiben (§ 48 Abs. 3 GmbHG)

Abweichende Gestaltungen sind möglich.

Die Gestattung, sich in der Gesellschafterversammlung durch Dritte vertreten zu lassen, kann auf Wunsch gänzlich freigegeben werden, allerdings kann dies in der Praxis die Verständigung der Gesellschafter untereinander erschweren, wenn sich irgendwann nur noch deren Vertreter treffen. Oftmals wird die Vertretungsbefugnis auch auf Angehörige von Berufen beschränkt, die zur Verschwiegenheit verpflichtet sind (Rechtsanwälte, Notare, Steuerberater, Wirtschaftsprüfer).

Die Aufgaben der Gesellschafterversammlung ergeben sich aus dem Gesetz[169] und bedürfen jedenfalls im Normalfall nicht der Anpassung.

In der Einmann-GmbH geht es weiter darum, dem Geschäftsführer möglichst weitgehende Rechte zu verschaffen; es kann ihm sogar gestattet werden, im eigenen Namen Geschäfte mit der Gesellschaft zu machen. Dafür muss er freilich von Verbot der Selbstvertretung (§ 181 BGB) befreit werden, wozu die Ermächtigungsgrundlage in der Satzung enthalten sein sollte[170]. Dass ein auf diese Weise von nahezu allen zivilrechtlichen Fesseln befreiter Geschäftsführer natürlich besonders anfällig dafür ist, Geschäfte mit der Gesellschaft zu machen, die deren Kapitalbestand aushöhlen, liegt auf der Hand[171].

Diese Interessenlage ist in der Mehr-Personen-GmbH oftmals vollkommen anders. Hier geht es vornehmlich darum, die Befugnisse des Geschäftsführers zugunsten der Gesellschafterversammlung einzuschränken und – bei mehreren Geschäftsführern - deren Befugnisse voneinander klar abzugrenzen. Es ist unbedingt anzuraten, dies alles in der Satzung und nicht nur in den Geschäftsführer-Anstellungsverträgen zu tun, da allein die Satzung und der korrespondierende Eintrag ins Handelsregister Dritten gegenüber Wirkung entfalten.

§ 9
Geschäftsführer

Die Gesellschaft hat einen oder mehrere Geschäftsführer Ist nur ein Geschäftsführer bestellt, vertritt dieser die Gesellschaft allein. Sind mehrere Geschäftsführer bestellt, so sind je zwei Geschäftsführer oder ein Geschäftsführer mit einem Prokuristen gemeinschaftlich zur Vertretung der Gesellschaft berechtigt. Einzelvertretungsbefugnis kann erteilt werden.

Den Geschäftsführern kann gestattet werden, bei der Vertretung der Gesellschaft zugleich in Vertretung eines Dritten und/oder in eigenem Namen zu handeln.

---

[169] § 46 f GmbHG; Einzelheiten unter Ziff. III 4.2
[170] dazu gleich, § 9
[171] dazu eingehend Kapitel II Ziff. 7.2

Kommentar:

Dieser Formulierungsvorschlag enthält das Minimum, das in jeder Satzung so enthalten sein sollte, selbst wenn es sich um eine unkomplizierte Einmann-GmbH handelt. Er lässt alle Möglichkeiten offen, insbesondere auch die, im Falle des späteren Hinzukommens eines weiteren Geschäftsführers ohne vorherige Satzungsänderung Einzelvertretungsbefugnis zu gewähren.

Eine ausführlichere Regelung empfiehlt sich jedoch immer dann, wenn für die Gesellschaft von vorne herein zwei oder mehr Geschäftsführer, insbesondere Fremdgeschäftsführer, vorgesehen sind. In dem Fall kann es unter Umständen sogar sinnvoll sein, die Einzelgeschäftsführung gänzlich auszuschließen oder aber die Befugnisse der Geschäftsführer im Einzelnen mit Wirkung für jedermann im Handelsregister festzulegen. Für den Regelfall verbietet sich das aber wegen dem damit einhergehenden Verlust an Flexibilität.

Die Gestattung zum Abschluss von Verträgen in eigenem Namen (Abs. 2) ist fast immer sinnvoll, da man andernfalls für Geschäfte in eigenem Namen immer eine Genehmigung der Gesellschafterversammlung benötigen würde. Das wird nur in seltenen Ausnahmefällen (Fremdgeschäftsführer unter strenger Kontrolle) erforderlich sein.

Schließlich besteht die Möglichkeit, entgegen der gesetzlichen Regelung[172] die Abberufung des Geschäftsführers auf das Vorliegen eines wichtigen Grundes zu beschränken, was immer dann sinnvoll ist, wenn der Geschäftsführer gleichzeitig (Haupt-) Gesellschafter ist und er für die Führung der Geschäfte der Gesellschaft unverzichtbar ist. Die Abberufung aus wichtigem Grund kann freilich nicht ausgeschlossen werden.

§ 10
Wettbewerb

Durch Gesellschafterbeschluss können alle oder einzelne Gesellschafter und/oder Geschäftsführer von einem Wettbewerbsverbot befreit werden. In diesem Fall sind sie berechtigt, unmittelbar oder mittelbar, in eigenen oder fremden Namen, für eigene oder fremde Rechnung mit der Gesellschaft in Wettbewerb zu treten, für Konkurrenzunternehmen tätig zu sein oder sich an solchen zu beteiligen.

Der Gesellschafterbeschluss kann die Befreiung auf bestimmte Fälle oder Tätigkeiten beschränken.

Kommentar:

---

[172] § 38 Abs. 1 GmbHG

Diese Regelung ist gerade in kleinen GmbHs wichtig, wenn der Geschäftsführer oder Gesellschafter noch anderweitig tätig sein muss. Allerdings ist zu beachten, dass die Befreiung vom Wettbewerbsverbot möglicherweise den Tatbestand einer verdeckten Gewinnausschüttung auslöst. Die Satzung sollte daher immer nur eine Befreiungsmöglichkeit, nicht aber die Befreiung als solche vorsehen. Letztere sollte nur dann durch Gesellschafterbeschluss erfolgen, wenn sie wirklich erforderlich ist.

1.2. Anlage 2: MOMIG

1.3. Anlage 3: Musterprotokoll Ein-Personen-Gesellschaft

1.4. Anlage 4: Musterprotokoll Mehr-Personen-Gesellschaft

1.2. Anlage 2: MOMIG

Gesetz
zur Modernisierung des GmbH-Rechts und zur Bekämpfung von Missbräuchen (MoMiG)

Vom 23. Oktober 2008

Der Bundestag hat das folgende Gesetz beschlossen:

Artikel 1
Änderung des Gesetzes betreffend die Gesellschaften mit beschränkter Haftung

Das Gesetz betreffend die Gesellschaften mit beschränkter Haftung in der im Bundesgesetzblatt Teil III, Gliederungsnummer 4123-1, veröffentlichten bereinigten Fassung, zuletzt geändert durch Artikel 4 des Gesetzes vom 19. April 2007 (BGBl. I S. 542), wird wie folgt geändert:

1. Der Überschrift des Gesetzes wird die Abkürzung „(GmbHG)" angefügt.

2. Nach § 2 Abs. 1 wird folgender Absatz 1a eingefügt:

   „(1a) Die Gesellschaft kann in einem vereinfachten Verfahren gegründet werden, wenn sie höchstens drei Gesellschafter und einen Geschäftsführer hat. Für die Gründung im vereinfachten Verfahren ist das in der Anlage bestimmte Musterprotokoll zu verwenden. Darüber hinaus dürfen keine vom Gesetz abweichenden Bestimmungen getroffen werden. Das Musterprotokoll gilt zugleich als Gesellschafterliste. Im Übrigen finden auf das Musterprotokoll die Vorschriften dieses Gesetzes über den Gesellschaftsvertrag entsprechende Anwendung."

3. § 3 Abs. 1 Nr. 4 wird wie folgt gefasst:

   „4. die Zahl und die Nennbeträge der Geschäftsanteile, die jeder Gesellschafter gegen Einlage auf das Stammkapital (Stammeinlage) übernimmt."

4. § 4a wird wie folgt geändert:

   a) Absatz 1 wird wie folgt geändert:

   aa) Die Absatzbezeichnung „(1)" wird gestrichen.

   bb) Nach dem Wort „Ort" werden die Wörter „im Inland" eingefügt.

   b) Absatz 2 wird aufgehoben.

5. § 5 wird wie folgt geändert:

   a) In Absatz 1 werden die Wörter „, die Stammeinlage jedes Gesellschafters muß mindestens hundert Euro" gestrichen.

   b) Die Absätze 2 und 3 werden wie folgt gefasst:

   „(2) Der Nennbetrag jedes Geschäftsanteils muss auf volle Euro lauten. Ein Gesellschafter kann bei Errichtung der Gesellschaft mehrere Geschäftsanteile übernehmen.

   (3) Die Höhe der Nennbeträge der einzelnen Geschäftsanteile kann verschieden bestimmt werden. Die Summe der Nennbeträge aller Geschäftsanteile muss mit dem Stammkapital übereinstimmen."

   c) In Absatz 4 Satz 1 werden die Wörter „Betrag der Stammeinlage, auf die" durch die Wörter „Nennbetrag des Geschäftsanteils, auf den" ersetzt.

6. Nach § 5 wird folgender § 5a eingefügt:

„§ 5a
Unternehmergesellschaft

(1) Eine Gesellschaft, die mit einem Stammkapital gegründet wird, das den Betrag des Mindeststammkapitals nach § 5 Abs. 1 unterschreitet, muss in der Firma abweichend von § 4 die Be-

zeichnung „Unternehmergesellschaft (haftungsbeschränkt)" oder „UG (haftungsbeschränkt)" führen.

(2) Abweichend von § 7 Abs. 2 darf die Anmeldung erst erfolgen, wenn das Stammkapital in voller Höhe eingezahlt ist. Sacheinlagen sind ausgeschlossen.

(3) In der Bilanz des nach den §§ 242, 264 des Handelsgesetzbuchs aufzustellenden Jahresabschlusses ist eine gesetzliche Rücklage zu bilden, in die ein Viertel des um einen Verlustvortrag aus dem Vorjahr geminderten Jahresüberschusses einzustellen ist. Die Rücklage darf nur verwandt werden

1. für Zwecke des § 57c;
2. zum Ausgleich eines Jahresfehlbetrags, soweit er nicht durch einen Gewinnvortrag aus dem Vorjahr gedeckt ist;
3. zum Ausgleich eines Verlustvortrags aus dem Vorjahr, soweit er nicht durch einen Jahresüberschuss gedeckt ist.

(4) Abweichend von § 49 Abs. 3 muss die Versammlung der Gesellschafter bei drohender Zahlungsunfähigkeit unverzüglich einberufen werden.

(5) Erhöht die Gesellschaft ihr Stammkapital so, dass es den Betrag des Mindeststammkapitals nach § 5 Abs. 1 erreicht oder übersteigt, finden die Absätze 1 bis 4 keine Anwendung mehr; die Firma nach Absatz 1 darf beibehalten werden."

7. § 6 wird wie folgt geändert:

a) Absatz 2 Satz 2 bis 4 wird durch folgende Sätze ersetzt:

„Geschäftsführer kann nicht sein, wer

1. als Betreuter bei der Besorgung seiner Vermögensangelegenheiten ganz oder teilweise einem Einwilligungsvorbehalt (§ 1903 des Bürgerlichen Gesetzbuchs) unterliegt,

2. aufgrund eines gerichtlichen Urteils oder einer vollziehbaren Entscheidung einer Verwaltungsbehörde einen Beruf, einen Berufszweig, ein Gewerbe oder einen Gewerbezweig nicht ausüben darf, sofern der Unternehmensgegenstand ganz oder teilweise mit dem Gegenstand des Verbots übereinstimmt,

3. wegen einer oder mehrerer vorsätzlich begangener Straftaten

a) des Unterlassens der Stellung des Antrags auf Eröffnung des Insolvenzverfahrens (Insolvenzverschleppung),

b) nach den §§ 283 bis 283d des Strafgesetzbuchs (Insolvenzstraftaten),

c) der falschen Angaben nach § 82 dieses Gesetzes oder § 399 des Aktiengesetzes,

d) der unrichtigen Darstellung nach § 400 des Aktiengesetzes, § 331 des Handelsgesetzbuchs, § 313 des Umwandlungsgesetzes oder § 17 des Publizitätsgesetzes oder

e) nach den §§ 263 bis 264a oder den §§ 265b bis 266a des Strafgesetzbuchs zu einer Freiheitsstrafe von mindestens einem Jahr

verurteilt worden ist; dieser Ausschluss gilt für die Dauer von fünf Jahren seit der Rechtskraft des Urteils, wobei die Zeit nicht eingerechnet wird, in welcher der Täter auf behördliche Anordnung in einer Anstalt verwahrt worden ist.

Satz 2 Nr. 3 gilt entsprechend bei einer Verurteilung im Ausland wegen einer Tat, die mit den in Satz 2 Nr. 3 genannten Taten vergleichbar ist."

b) Folgender Absatz 5 wird angefügt:

„(5) Gesellschafter, die vorsätzlich oder grob fahrlässig einer Person, die nicht Geschäftsführer sein kann, die Führung der Geschäfte überlassen, haften der Gesellschaft solidarisch für den Schaden, der dadurch entsteht, dass diese Person die ihr gegenüber der Gesellschaft bestehenden Obliegenheiten verletzt."

8. § 7 Abs. 2 wird wie folgt geändert:

a) In Satz 1 werden die Wörter „jede Stammeinlage" durch die Wörter „jeden Geschäftsanteil" ersetzt und nach dem Wort „Viertel" die Wörter „des Nennbetrags" eingefügt.

b) In Satz 2 werden die Wörter „Gesamtbetrags der Stammeinlagen" durch die Wörter „Gesamtnennbetrags der Geschäftsanteile" ersetzt.

c) Satz 3 wird aufgehoben.

9. § 8 wird wie folgt geändert:

a) Absatz 1 wird wie folgt geändert:

aa) In Nummer 3 werden die Wörter „der Betrag der von einem jeden derselben übernommenen Stammeinlage ersichtlich ist" durch die Wörter „die Nennbeträge und die laufenden Nummern der von einem jeden derselben übernommenen Geschäftsanteile ersichtlich sind" ersetzt.

bb) In Nummer 5 werden die Wörter „Betrag der dafür übernommenen Stammeinlage erreicht," durch die Wörter „Nennbetrag der dafür übernommenen Geschäftsanteile erreicht." ersetzt.

cc) Nummer 6 wird aufgehoben.

b) Absatz 2 wird wie folgt geändert:

aa) In Satz 1 wird das Wort „Stammeinlagen" durch das Wort „Geschäftsanteile" ersetzt.

bb) Satz 2 wird wie folgt gefasst:

„Das Gericht kann bei erheblichen Zweifeln an der Richtigkeit der Versicherung Nachweise (unter anderem Einzahlungsbelege) verlangen."

c) Absatz 3 wird wie folgt geändert:

aa) In Satz 1 werden die Wörter „§ 6 Abs. 2 Satz 3 und 4" durch die Wörter „§ 6 Abs. 2 Satz 2 Nr. 2 und 3 sowie Satz 3" ersetzt.

bb) Satz 2 wird wie folgt gefasst:

„Die Belehrung nach § 53 Abs. 2 des Bundeszentralregistergesetzes kann schriftlich vorgenommen werden; sie kann auch durch einen Notar oder einen im Ausland bestellten Notar, durch einen Vertreter eines vergleichbaren rechtsberatenden Berufs oder einen Konsularbeamten erfolgen."

d) Absatz 4 wird wie folgt gefasst:

„(4) In der Anmeldung sind ferner anzugeben:

1. eine inländische Geschäftsanschrift,

2. Art und Umfang der Vertretungsbefugnis der Geschäftsführer."

10. § 9 wird wie folgt geändert:

a) Absatz 1 wird wie folgt geändert:

aa) Die Wörter „Betrag der dafür übernommenen Stammeinlage" werden durch die Wörter „Nennbetrag des dafür übernommenen Geschäftsanteils" ersetzt.

bb) Folgender Satz wird angefügt:

„Sonstige Ansprüche bleiben unberührt."

b) In Absatz 2 werden vor dem Wort „verjährt" die Wörter „nach Absatz 1 Satz 1" eingefügt.

11. In § 9a Abs. 4 Satz 1 wird das Wort „Stammeinlagen" durch das Wort „Geschäftsanteile" ersetzt.

12. In § 9c Abs. 1 Satz 2 werden vor dem Wort „überbewertet" die Wörter „nicht unwesentlich" eingefügt.

13. § 10 wird wie folgt geändert:

a) In Absatz 1 Satz 1 werden nach den Wörtern „Sitz der Gesellschaft," die Wörter „eine inländische Geschäftsanschrift," eingefügt.

b) Dem Absatz 2 wird folgender Satz angefügt:

„Wenn eine Person, die für Willenserklärungen und Zustellungen an die Gesellschaft empfangsberechtigt ist, mit einer inländischen Anschrift zur Eintragung in das Handelsregister angemeldet wird, sind auch diese Angaben einzutragen; Dritten gegenüber gilt die Empfangsberechtigung als fortbestehend, bis sie im Handelsregister gelöscht und die Löschung bekannt gemacht worden ist, es sei denn, dass die fehlende Empfangsberechtigung dem Dritten bekannt war."

14. § 14 wird wie folgt gefasst:

„§ 14

Einlagepflicht

Auf jeden Geschäftsanteil ist eine Einlage zu leisten. Die Höhe der zu leistenden Einlage richtet sich nach dem bei der Errichtung der Gesellschaft im Gesellschaftsvertrag festgesetzten Nennbetrag des Geschäftsanteils. Im Fall der Kapitalerhöhung bestimmt sich die Höhe der zu leistenden Einlage nach dem in der Übernahmeerklärung festgesetzten Nennbetrag des Geschäftsanteils."

15. § 16 wird wie folgt gefasst:

„§ 16

Rechtsstellung bei Wechsel der Gesellschafter oder Veränderung des Umfangs ihrer Beteiligung; Erwerb vom Nichtberechtigten

(1) Im Verhältnis zur Gesellschaft gilt im Fall einer Veränderung in den Personen der Gesellschafter oder des Umfangs ihrer Beteiligung als Inhaber eines Geschäftsanteils nur, wer als solcher in der im Handelsregister aufgenommenen Gesellschafterliste (§ 40) eingetragen ist. Eine vom Erwerber in Bezug auf das Geschäftsverhältnis vorgenommene Rechtshandlung gilt als von Anfang an wirksam, wenn die Liste unverzüglich nach Vornahme der Rechtshandlung in das Handelsregister aufgenommen wird.

(2) Für Einlageverpflichtungen, die in dem Zeitpunkt rückständig sind, ab dem der Erwerber gemäß Absatz 1 Satz 1 im Verhältnis zur Gesellschaft als Inhaber des Geschäftsanteils gilt, haftet der Erwerber neben dem Veräußerer.

(3) Der Erwerber kann einen Geschäftsanteil oder ein Recht daran durch Rechtsgeschäft wirksam vom Nichtberechtigten erwerben, wenn der Veräußerer als Inhaber des Geschäftsanteils in der im Handelsregister aufgenommenen Gesellschafterliste eingetragen ist. Dies gilt nicht, wenn die Liste zum Zeitpunkt des Erwerbs hinsichtlich des Geschäftsanteils weniger als drei Jahre unrichtig und die Unrichtigkeit dem Berechtigten nicht zuzurechnen ist. Ein gutgläubiger Erwerb ist ferner nicht möglich, wenn dem Erwerber die mangelnde Berechtigung bekannt oder infolge grober Fahrlässigkeit unbekannt ist oder der Liste ein Widerspruch zugeordnet ist. Die Zuordnung eines Widerspruchs erfolgt aufgrund einer einstweiligen Verfügung oder aufgrund einer Bewilligung desjenigen, gegen dessen Berechtigung sich der Widerspruch richtet. Eine Gefährdung des Rechts des Widersprechenden muss nicht glaubhaft gemacht werden."

16. § 17 wird aufgehoben.

17. § 19 wird wie folgt geändert:

a) In Absatz 1 wird das Wort „Stammeinlagen" durch das Wort „Geschäftsanteile" ersetzt.

b) In Absatz 2 Satz 2 werden die Wörter „nicht zulässig" durch die Wörter „nur zulässig mit einer Forderung aus der Überlassung von Vermögensgegenständen, deren Anrechnung auf die Einlageverpflichtung nach § 5 Abs. 4 Satz 1 vereinbart worden ist" ersetzt.

c) Die Absätze 4 und 5 werden wie folgt gefasst:

„(4) Ist eine Geldeinlage eines Gesellschafters bei wirtschaftlicher Betrachtung und aufgrund einer im Zusammenhang mit der Übernahme der Geldeinlage getroffenen Abrede vollständig oder teilweise als Sacheinlage zu bewerten (verdeckte Sacheinlage), so befreit dies den Gesellschafter nicht von seiner Einlageverpflichtung. Jedoch sind die Verträge über die Sacheinlage und die Rechtshandlungen zu ihrer Ausführung nicht unwirksam. Auf die fortbestehende Geldeinlagepflicht des Gesellschafters wird der Wert des Vermögensgegenstandes im Zeitpunkt der Anmeldung der Gesellschaft zur Eintragung in das Handelsregister oder im Zeitpunkt seiner Überlassung an die Gesellschaft, falls diese später erfolgt, angerechnet. Die Anrechnung erfolgt nicht vor Eintragung der Gesellschaft in das Handelsregister. Die Beweislast für die Werthaltigkeit des Vermögensgegenstandes trägt der Gesellschafter.

(5) Ist vor der Einlage eine Leistung an den Gesellschafter vereinbart worden, die wirtschaftlich einer Rückzahlung der Einlage entspricht und die nicht als verdeckte Sacheinlage im Sinne von Absatz 4 zu beurteilen ist, so befreit dies den Gesellschafter von seiner Einlageverpflichtung nur dann, wenn die Leistung durch einen vollwertigen Rückgewähranspruch gedeckt ist, der jederzeit fällig ist oder durch fristlose Kündigung durch die Gesellschaft fällig werden kann. Eine solche Leistung oder die Vereinbarung einer solchen Leistung ist in der Anmeldung nach § 8 anzugeben."

18. § 22 wird wie folgt geändert:

    a) Absatz 1 wird wie folgt gefasst:

    „(1) Für eine von dem ausgeschlossenen Gesellschafter nicht erfüllte Einlageverpflichtung haftet der Gesellschaft auch der letzte und jeder frühere Rechtsvorgänger des Ausgeschlossenen, der im Verhältnis zu ihr als Inhaber des Geschäftsanteils gilt."

    b) Absatz 3 wird wie folgt gefasst:

    „(3) Die Haftung des Rechtsvorgängers ist auf die innerhalb der Frist von fünf Jahren auf die Einlageverpflichtung eingeforderten Leistungen beschränkt. Die Frist beginnt mit dem Tag, ab welchem der Rechtsnachfolger im Verhältnis zur Gesellschaft als Inhaber des Geschäftsanteils gilt."

19. In § 26 Abs. 1 werden die Wörter „den Betrag der Stammeinlagen" durch die Wörter „die Nennbeträge der Geschäftsanteile" ersetzt.

20. § 30 Abs. 1 wird wie folgt gefasst:

    „(1) Das zur Erhaltung des Stammkapitals erforderliche Vermögen der Gesellschaft darf an die Gesellschafter nicht ausgezahlt werden. Satz 1 gilt nicht bei Leistungen, die bei Bestehen eines Beherrschungs- oder Gewinnführungsvertrags (§ 291 des Aktiengesetzes) erfolgen oder durch einen vollwertigen Gegenleistungs- oder Rückgewähranspruch gegen den Gesellschafter gedeckt sind. Satz 1 ist zudem nicht anzuwenden auf die Rückgewähr eines Gesellschafterdarlehens und Leistungen auf Forderungen aus Rechtshandlungen, die einem Gesellschafterdarlehen wirtschaftlich entsprechen."

21. (entfallen)

22. Die §§ 32a und 32b werden aufgehoben.

23. § 35 wird wie folgt geändert:

    a) Dem Absatz 1 wird folgender Satz angefügt:

    „Hat eine Gesellschaft keinen Geschäftsführer (Führungslosigkeit), wird die Gesellschaft für den Fall, dass ihr gegenüber Willenserklärungen abgegeben oder Schriftstücke zugestellt werden, durch die Gesellschafter vertreten."

    b) Absatz 2 wird wie folgt gefasst:

    „(2) Sind mehrere Geschäftsführer bestellt, sind sie alle nur gemeinschaftlich zur Vertretung der Gesellschaft befugt, es sei denn, dass der Gesellschaftsvertrag etwas anderes bestimmt. Ist der Gesellschaft gegenüber eine Willenserklärung abzugeben, genügt die Abgabe gegenüber einem Vertreter der Gesellschaft nach Absatz 1. An die Vertreter der Gesellschaft nach Absatz 1 können unter der im Handelsregister eingetragenen Geschäftsanschrift Willenserklärungen abgegeben und Schriftstücke für die Gesellschaft zugestellt werden. Unabhängig hiervon können die Abgabe und die Zustellung auch unter der eingetragenen Anschrift der empfangsberechtigten Person nach § 10 Abs. 2 Satz 2 erfolgen."

    c) Absatz 3 wird aufgehoben.

    d) Absatz 4 wird Absatz 3.

24. In § 35a Abs. 4 Satz 1 werden nach den Wörtern „Absätze 1 bis 3" die Wörter „für die Angaben bezüglich der Haupt- und der Zweigniederlassung" eingefügt.

25. § 36 wird aufgehoben.

26. In § 39 Abs. 3 Satz 1 werden die Wörter „§ 6 Abs. 2 Satz 3 und 4" durch die Wörter „§ 6 Abs. 2 Satz 2 Nr. 2 und 3 sowie Satz 3" ersetzt.

27. § 40 wird wie folgt geändert:

    a) Absatz 1 wird wie folgt gefasst:

    „(1) Die Geschäftsführer haben unverzüglich nach Wirksamwerden jeder Veränderung in den Personen der Gesellschafter oder des Umfangs ihrer Beteiligung eine von ihnen unterschriebene Liste der Gesellschafter zum Handelsregister einzureichen, aus welcher Name, Vorname, Geburtsdatum und Wohnort der letzteren sowie die Nennbeträge und die laufenden Nummern der von einem jeden derselben übernommenen Geschäftsanteile zu entnehmen sind. Die Änderung der Liste durch die Geschäftsführer erfolgt auf Mitteilung und Nachweis."

    b) Nach Absatz 1 wird folgender Absatz 2 eingefügt:

    „(2) Hat ein Notar an Veränderungen nach Absatz 1 Satz 1 mitgewirkt, hat er unverzüglich nach deren Wirksamwerden ohne Rücksicht auf etwaige später eintretende Unwirksamkeitsgründe die Liste anstelle der Geschäftsführer zu unterschreiben, zum Handelsregister einzureichen und eine Abschrift der geänderten Liste an die Gesellschaft zu übermitteln. Die Liste muss mit der Bescheinigung des Notars versehen sein, dass die geänderten Eintragungen den Veränderungen entsprechen, an denen er mitgewirkt hat, und die übrigen Eintragungen mit dem Inhalt der zuletzt im Handelsregister aufgenommenen Liste übereinstimmen."

c) Der bisherige Absatz 2 wird Absatz 3 und nach dem Wort „haften" werden die Wörter „denjenigen, deren Beteiligung sich geändert hat, und" eingefügt.

28. In § 41 wird die Absatzbezeichnung „(1)" gestrichen.

29. § 46 wird wie folgt geändert:

a) Nummer 2 wird wie folgt gefasst:

„2. die Einforderung der Einlagen;".

b) In Nummer 4 werden nach dem Wort „Teilung" die Wörter „, die Zusammenlegung" eingefügt.

30. § 47 Abs. 2 wird wie folgt gefasst:

„(2) Jeder Euro eines Geschäftsanteils gewährt eine Stimme."

31. (entfallen)

32. § 55 wird wie folgt geändert:

a) In Absatz 1 werden die Wörter „jeder auf das erhöhte Kapital zu leistenden Stammeinlage" durch die Wörter „jedes Geschäftsanteils an dem erhöhten Kapital" ersetzt.

b) Absatz 2 wird wie folgt geändert:

aa) In Satz 1 werden die Wörter „einer Stammeinlage" durch die Wörter „eines Geschäftsanteils" ersetzt.

bb) In Satz 2 werden die Wörter „Betrage der Stammeinlage" durch die Wörter „Nennbetrag des Geschäftsanteils" ersetzt.

c) In Absatz 3 werden die Wörter „eine Stammeinlage auf das erhöhte" durch die Wörter „ein Geschäftsanteil an dem erhöhten" ersetzt.

d) Absatz 4 wird wie folgt gefasst:

„(4) Die Bestimmungen in § 5 Abs. 2 und 3 über die Nennbeträge der Geschäftsanteile sowie die Bestimmungen in § 19 Abs. 6 über die Verjährung des Anspruchs der Gesellschaft auf Leistung der Einlagen sind auch hinsichtlich der an dem erhöhten Kapital übernommenen Geschäftsanteile anzuwenden."

32a. Nach § 55 wird folgender § 55a eingefügt:

„§ 55a
Genehmigtes Kapital

(1) Der Gesellschaftsvertrag kann die Geschäftsführer für höchstens fünf Jahre nach Eintragung der Gesellschaft ermächtigen, das Stammkapital bis zu einem bestimmten Nennbetrag (genehmigtes Kapital) durch Ausgabe neuer Geschäftsanteile gegen Einlagen zu erhöhen. Der Nennbetrag des genehmigten Kapitals darf die Hälfte des Stammkapitals, das zur Zeit der Ermächtigung vorhanden ist, nicht übersteigen.

(2) Die Ermächtigung kann auch durch Abänderung des Gesellschaftsvertrags für höchstens fünf Jahre nach deren Eintragung erteilt werden.

(3) Gegen Sacheinlagen (§ 56) dürfen Geschäftsanteile nur ausgegeben werden, wenn die Ermächtigung es vorsieht."

33. § 56 wird wie folgt geändert:

a) In Absatz 1 Satz 1 werden die Wörter „Betrag der Stammeinlage, auf die" durch die Wörter „Nennbetrag des Geschäftsanteils, auf den" ersetzt.

b) In Absatz 2 wird die Angabe „19 Abs. 5" durch die Angabe „19 Abs. 2 Satz 2 und Abs. 4" ersetzt.

34. In § 56a werden die Wörter „und die Bestellung einer Sicherung" sowie die Angabe „3," gestrichen, das Wort „findet" durch das Wort „finden" ersetzt und nach der Angabe „Abs. 3" die Angabe „sowie § 19 Abs. 5" eingefügt.

35. § 57 wird wie folgt geändert:

a) In Absatz 1 wird das Wort „Stammeinlagen" durch das Wort „Geschäftsanteilen" ersetzt.

b) Absatz 2 wird wie folgt geändert:

aa) In Satz 1 wird die Angabe „3," gestrichen.

bb) Satz 2 wird wie folgt gefasst:

„§ 8 Abs. 2 Satz 2 gilt entsprechend."

c) In Absatz 3 Nr. 2 werden das Wort „Stammeinlagen" durch das Wort „Geschäftsanteile" und die Wörter „muß der Betrag der von jedem übernommenen Einlage" durch die Wörter „müssen die Nennbeträge der von jedem übernommenen Geschäftsanteile" ersetzt.

36. § 57b wird aufgehoben.

37. In § 57h Abs. 1 Satz 2 werden die Wörter „können auf jeden durch zehn teilbaren Betrag, müssen jedoch auf mindestens fünfzig Euro gestellt werden" durch die Wörter „müssen auf einen Betrag gestellt werden, der auf volle Euro lautet" ersetzt.

38. § 57l Abs. 2 Satz 4 wird wie folgt gefasst:

„Die Geschäftsanteile, deren Nennbetrag erhöht wird, können auf jeden Betrag gestellt werden, der auf volle Euro lautet."

39. § 58 Abs. 2 Satz 2 wird wie folgt gefasst:

„Erfolgt die Herabsetzung zum Zweck der Zurückzahlung von Einlagen oder zum Zweck des Erlasses zu leistender Einlagen, dürfen die verbleibenden Nennbeträge der Geschäftsanteile nicht unter den in § 5 Abs. 2 und 3 bezeichneten Betrag herabgehen."

40. § 58a Abs. 3 Satz 2 bis 5 wird durch folgenden Satz ersetzt:

„Die Geschäftsanteile müssen auf einen Betrag gestellt werden, der auf volle Euro lautet."

41. § 58f Abs. 1 Satz 2 wird wie folgt gefasst:

„Die Beschlussfassung ist nur zulässig, wenn die neuen Geschäftsanteile übernommen, keine Sacheinlagen festgesetzt sind und wenn auf jeden neuen Geschäftsanteil die Einzahlung geleistet ist, die nach § 56a zur Zeit der Anmeldung der Kapitalerhöhung bewirkt sein muss."

42. § 60 Abs. 1 Nr. 6 wird wie folgt gefasst:

„6. mit der Rechtskraft einer Verfügung des Registergerichts, durch welche nach § 144a des Gesetzes über die Angelegenheiten der freiwilligen Gerichtsbarkeit ein Mangel des Gesellschaftsvertrags festgestellt worden ist;".

43. § 64 wird wie folgt geändert:
   a) Absatz 1 wird aufgehoben.
   b) Absatz 2 wird wie folgt geändert:
      aa) Die Absatzbezeichnung „(2)" wird gestrichen.
      bb) Nach Satz 2 wird folgender Satz eingefügt:
         „Die gleiche Verpflichtung trifft die Geschäftsführer für Zahlungen an Gesellschafter, soweit diese zur Zahlungsunfähigkeit der Gesellschaft führen mussten, es sei denn, dies war auch bei Beachtung der in Satz 2 bezeichneten Sorgfalt nicht erkennbar."

44. In § 65 Abs. 1 Satz 2 werden die Wörter „oder der Nichteinhaltung der Verpflichtungen nach § 19 Abs. 4" gestrichen.

45. In § 66 Abs. 4 werden die Wörter „§ 6 Abs. 2 Satz 3 und 4" durch die Wörter „§ 6 Abs. 2 Satz 2 und 3" ersetzt.

46. § 71 wird wie folgt geändert:
   a) In Absatz 4 wird die Angabe „§§ 36, 37, 41 Abs. 1, §" durch die Angabe „§§ 37, 41," ersetzt.
   b) Absatz 5 wird wie folgt gefasst:
      „(5) Auf den Geschäftsbriefen ist anzugeben, dass sich die Gesellschaft in Liquidation befindet; im Übrigen gilt § 35a entsprechend."

47. § 82 Abs. 1 wird wie folgt geändert:
   a) In Nummer 1 werden das Wort „Stammeinlagen" durch das Wort „Geschäftsanteile" und die Wörter „, Sacheinlagen und Sicherungen für nicht voll eingezahlte Geldeinlagen" durch die Wörter „und Sacheinlagen" ersetzt.
   b) In Nummer 5 werden nach dem Wort „Geschäftsführer" die Wörter „einer Gesellschaft mit beschränkter Haftung oder als Geschäftsleiter einer ausländischen juristischen Person" eingefügt.

48. § 84 Abs. 1 wird wie folgt geändert:
   a) In Nummer 1 wird die Angabe „1." gestrichen und das Wort „, oder" durch einen Punkt ersetzt.
   b) Nummer 2 wird aufgehoben.

49. Die §§ 86 und 87 werden aufgehoben.

50. Dem Gesetz betreffend die Gesellschaften mit beschränkter Haftung wird die in der Anlage 1 zu diesem Gesetz enthaltene Anlage angefügt.

51. Dem Gesetz betreffend die Gesellschaften mit beschränkter Haftung wird die aus der Anlage 2 zu diesem Gesetz ersichtliche Inhaltsübersicht vorangestellt. Die Untergliederungen des Gesetzes betreffend die Gesellschaften mit beschränkter Haftung erhalten die Bezeichnung und Fassung, die sich jeweils aus der Inhaltsübersicht in der Anlage zu dieser Vorschrift ergibt. Die Vorschriften des Gesetzes betreffend die Gesellschaften mit beschränkter Haftung erhalten die Überschriften, die sich jeweils aus der Inhaltsübersicht in der Anlage zu dieser Vorschrift ergeben.

Artikel 2
Einführungsgesetz zum Gesetz betreffend die Gesellschaften mit beschränkter Haftung (GmbHG-Einführungsgesetz – EGGmbHG)

§ 1
Umstellung auf Euro

(1) Gesellschaften, die vor dem 1. Januar 1999 in das Handelsregister eingetragen worden sind, dürfen ihr auf Deutsche Mark lautendes Stammkapital beibehalten; Entsprechendes gilt für Gesellschaften, die vor dem 1. Januar 1999 zur Eintragung in das Handelsregister angemeldet und bis zum 31. Dezember 2001 eingetragen worden sind. Für Mindestbetrag und Teilbarkeit von Kapital, Einlagen und Geschäftsanteilen sowie für den Umfang des Stimmrechts bleiben bis zu einer Kapitaländerung nach Satz 4 die bis dahin gültigen Beträge weiter maßgeblich. Dies gilt auch, wenn die Gesellschaft ihr Kapital auf Euro umgestellt hat; das Verhältnis der mit den Geschäftsanteilen verbundenen Rechte zueinander wird durch Umrechnung zwischen Deutscher Mark und Euro nicht berührt. Eine Änderung des Stammkapitals darf nach dem 31. Dezember 2001 nur eingetragen werden, wenn das Kapital auf Euro umgestellt wird.

(2) Bei Gesellschaften, die zwischen dem 1. Januar 1999 und dem 31. Dezember 2001 zum Handelsregister angemeldet und in das Register eingetragen worden sind, dürfen Stammkapital und Stammeinlagen auch auf Deutsche Mark lauten. Für Mindestbetrag und Teilbarkeit von Kapital, Einlagen und Geschäftsanteilen sowie für den Umfang des Stimmrechts gelten die zu dem vom Rat der Europäischen Union nach Artikel 123 Abs. 4 Satz 1 des Vertrages zur Gründung der Europäischen Gemeinschaft unwiderruflich festgelegten Umrechnungskurs in Deutsche Mark umzurechnenden Beträge des Gesetzes in der ab dem 1. Januar 1999 geltenden Fassung.

(3) Die Umstellung des Stammkapitals und der Geschäftsanteile sowie weiterer satzungsmäßiger Betragsangaben auf Euro zu dem nach Artikel 123 Abs. 4 Satz 1 des Vertrages zur Gründung der Europäischen Gemeinschaft unwiderruflich festgelegten Umrechnungskurs erfolgt durch Beschluss der Gesellschafter mit einfacher Stimmenmehrheit nach § 47 des Gesetzes betreffend die Gesellschaften mit beschränkter Haftung; § 53 Abs. 2 Satz 1 des Gesetzes betreffend die Gesellschaften mit beschränkter Haftung ist nicht anzuwenden. Auf die Anmeldung und Eintragung der Umstellung in das Handelsregister ist § 54 Abs. 1 Satz 2 und Abs. 2 Satz 2 des Gesetzes betreffend die Gesellschaften mit beschränkter Haftung nicht anzuwenden. Werden mit der Umstellung weitere Maßnahmen verbunden, insbesondere das Kapital verändert, bleiben die hierfür geltenden Vorschriften unberührt; auf eine Herabsetzung des Stammkapitals, mit der die Nennbeträge der Geschäftsanteile auf einen Betrag nach Absatz 1 Satz 4 gestellt werden, ist jedoch § 58 Abs. 1 des Gesetzes betreffend die Gesellschaften mit beschränkter Haftung nicht anzuwenden, wenn zugleich eine Erhöhung des Stammkapitals gegen Bareinlagen beschlossen und diese in voller Höhe vor der Anmeldung zum Handelsregister geleistet werden.

§ 2
Übergangsvorschriften zum Transparenz- und Publizitätsgesetz

§ 42a Abs. 4 des Gesetzes betreffend die Gesellschaften mit beschränkter Haftung in der Fassung des Artikels 3 Abs. 3 des Transparenz- und Publizitätsgesetzes vom 19. Juli 2002 (BGBl. I S. 2681) ist erstmals auf den Konzernabschluss und den Konzernlagebericht für das nach dem 31. Dezember 2001 beginnende Geschäftsjahr anzuwenden.

§ 3
Übergangsvorschriften zum Gesetz zur Modernisierung des GmbH-Rechts und zur Bekämpfung von Missbräuchen

(1) Die Pflicht, die inländische Geschäftsanschrift bei dem Gericht nach § 8 des Gesetzes betreffend die Gesellschaften mit beschränkter Haftung in der ab dem Inkrafttreten des Gesetzes vom 23. Oktober 2008 (BGBl. I S. 2026) am 1. November 2008 geltenden Fassung zur Eintragung in das Handelsregister anzumelden, gilt auch für Gesellschaften, die zu diesem Zeitpunkt bereits in das Handelsregister eingetragen sind, es sei denn, die inländische Geschäftsanschrift ist dem Gericht bereits nach § 24 Abs. 2 der Handelsregisterverordnung mitgeteilt worden und hat sich anschließend nicht geändert. In diesen Fällen ist die inländische Geschäftsanschrift mit der ersten die eingetragene Gesellschaft betreffenden Anmeldung zum Handelsregister ab dem 1. Novebmer 2008, spätestens aber bis zum 31. Oktober 2009 anzumelden. Wenn bis zum 31. Oktober 2009 keine inländische Geschäftsanschrift zur Eintragung in das Handelsregister angemeldet worden ist, trägt das Gericht von Amts wegen und ohne Überprüfung kostenfrei die ihm nach § 24 Abs. 2 der Handelsregisterverordnung bekannte inländische Anschrift als Geschäftsanschrift in das Handelsregister ein; in diesem Fall gilt die mitgeteilte Anschrift zudem unabhängig von dem Zeitpunkt ihrer tatsächlichen Eintragung ab dem 31. Oktober 2009 als eingetragene inländische Geschäftsanschrift der Gesellschaft, wenn sie im elektronischen Informations- und Kommunikationssystem nach § 9 Abs. 1 des Handelsgesetzbuchs abrufbar ist. Ist dem Gericht keine Mitteilung im Sinne des § 24 Abs. 2 der Handelsregisterverordnung gemacht worden, ist ihm aber in sonstiger Weise eine inländische Geschäftsanschrift bekannt geworden, so gilt Satz 3 mit der Maßgabe, dass diese Anschrift einzutragen ist, wenn sie im elektronischen Informations- und Kommunikationssystem nach § 9 Abs. 1 des Handelsgesetzbuchs abrufbar ist. Dasselbe gilt, wenn eine in sonstiger Weise bekannt gewordene inländische Anschrift von einer früher nach § 24 Abs. 2 der Handelsregisterverordnung mitgeteilten Anschrift abweicht. Eintragungen nach den Sätzen 3 bis 5 werden abweichend von § 10 des Handelsgesetzbuchs nicht bekannt gemacht.

(2) § 6 Abs. 2 Satz 2 Nr. 3 Buchstabe a, c, d und e des Gesetzes betreffend die Gesellschaften mit beschränkter Haftung in der ab dem 1. November 2008 geltenden Fassung ist auf Personen, die vor dem 1. November 2008 zum Geschäftsführer bestellt worden sind, nicht anzuwenden, wenn die Verurteilung vor dem 1. November 2008 rechtskräftig geworden ist. Entsprechendes gilt für § 6 Abs. 2 Satz 3 des Gesetzes betreffend die Gesellschaften mit beschränkter Haftung in der ab dem 1. November 2008 geltenden Fassung, soweit die Verurteilung wegen einer Tat erfolgte, die den Straftaten im Sinne des Satzes 1 vergleichbar ist.

(3) Bei Gesellschaften, die vor dem 1. November 2008 gegründet worden sind, findet § 16 Abs. 3 des Gesetzes betreffend die Gesellschaften mit beschränkter Haftung in der ab dem 1. November 2008 geltenden Fassung für den Fall, dass die Unrichtigkeit in der Gesellschafterliste bereits vor dem 1. November 2008 vorhanden und dem Berechtigten zuzurechnen ist, hinsichtlich des betreffenden Geschäftsanteils frühestens auf Rechtsgeschäfte nach dem 1. Mai 2009 Anwendung. Ist die Unrichtigkeit dem Berechtigten im Fall des Satzes 1 nicht zuzurechnen, so ist abweichend von dem 1. Mai 2009 der 1. November 2011 maßgebend.

(4) § 19 Abs. 4 und 5 des Gesetzes betreffend die Gesellschaften mit beschränkter Haftung in der ab dem 1. November 2008 geltenden Fassung gilt auch für Einlagenleistungen, die vor diesem Zeitpunkt bewirkt worden sind, soweit sie nach der vor dem 1. November 2008 geltenden Rechtslage wegen der Vereinbarung einer Einlagenrückgewähr oder wegen einer verdeckten Sacheinlage keine Erfüllung der Einlagenverpflichtung bewirkt haben. Dies gilt nicht, soweit über die aus der Unwirksamkeit folgenden Ansprüche zwischen der Gesellschaft und dem Gesellschafter bereits vor dem 1. November 2008 ein rechtskräftiges Urteil ergangen oder eine wirksame Vereinbarung zwischen der Gesellschaft und dem Gesellschafter getroffen worden ist; in diesem Fall beurteilt sich die Rechtslage nach den bis zum 1. November 2008 geltenden Vorschriften.

Artikel 3
Änderung des Handelsgesetzbuchs

Das Handelsgesetzbuch in der im Bundesgesetzblatt Teil III, Gliederungsnummer 4100-1, veröffentlichten bereinigten Fassung, zuletzt geändert durch Artikel 10 des Gesetzes vom 12. August 2008 (BGBl. I S. 1666), wird wie folgt geändert:

1. § 13 wird wie folgt geändert:

    a) In Absatz 1 Satz 1 werden nach dem Wort „Ortes" die Wörter „und der inländischen Geschäftsanschrift" eingefügt.

    b) In Absatz 2 werden nach dem Wort „Ortes" die Wörter „sowie der inländischen Geschäftsanschrift" eingefügt.

2. § 13d wird wie folgt geändert:

    a) In Absatz 2 werden nach dem Wort „Ort" die Wörter „und die inländische Geschäftsanschrift" eingefügt.

    b) In Absatz 3 werden die Wörter „und Bekanntmachungen" durch die Wörter „ , Bekanntmachungen und Änderungen einzutragender Tatsachen" ersetzt.

3. § 13e wird wie folgt geändert:

    a) Absatz 2 wird wie folgt geändert:

aa) In Satz 2 werden die Wörter „und, wenn der Gegenstand des Unternehmens oder die Zulassung zum Gewerbebetrieb im Inland der staatlichen Genehmigung bedarf, auch diese" gestrichen.

bb) In Satz 3 werden die Wörter „die Anschrift" durch die Wörter „eine inländische Geschäftsanschrift" ersetzt.

cc) Nach Satz 3 wird folgender Satz eingefügt:

„Daneben kann eine Person, die für Willenserklärungen und Zustellungen an die Gesellschaft empfangsberechtigt ist, mit einer inländischen Anschrift zur Eintragung in das Handelsregister angemeldet werden; Dritten gegenüber gilt die Empfangsberechtigung als fortbestehend, bis sie im Handelsregister gelöscht und die Löschung bekannt gemacht worden ist, es sei denn, dass die fehlende Empfangsberechtigung dem Dritten bekannt war."

dd) In dem neuen Satz 5 Nr. 4 wird das Wort „Gemeinschaften" durch das Wort „Union" ersetzt.

b) Absatz 3 wird wie folgt geändert:

aa) Die Wörter „Absatz 2 Satz 4 Nr. 3" werden durch die Wörter „Absatz 2 Satz 5 Nr. 3" ersetzt.

bb) Folgender Satz wird angefügt:

„Für die gesetzlichen Vertreter der Gesellschaft gelten in Bezug auf die Zweigniederlassung § 76 Abs. 3 Satz 2 und 3 des Aktiengesetzes sowie § 6 Abs. 2 Satz 2 und 3 des Gesetzes betreffend die Gesellschaften mit beschränkter Haftung entsprechend."

c) Nach Absatz 3 wird folgender Absatz 3a eingefügt:

„(3a) An die in Absatz 2 Satz 5 Nr. 3 genannten Personen als Vertreter der Gesellschaft können unter der im Handelsregister eingetragenen inländischen Geschäftsanschrift der Zweigniederlassung Willenserklärungen abgegeben und Schriftstücke zugestellt werden. Unabhängig hiervon können die Abgabe und die Zustellung auch unter der eingetragenen Anschrift der empfangsberechtigten Person nach Absatz 2 Satz 4 erfolgen."

d) In Absatz 4 werden die Wörter „Absatz 2 Satz 4 Nr. 3" durch die Wörter „Absatz 2 Satz 5 Nr. 3" ersetzt.

4. § 13f wird wie folgt geändert:

a) In Absatz 2 Satz 2 wird die Angabe „Abs. 3" durch die Angabe „Abs. 2 und 3" ersetzt.

b) In Absatz 3 werden die Wörter „in § 13e Abs. 2 Satz 4 vorgeschriebenen Angaben" durch die Wörter „Angaben nach § 13e Abs. 2 Satz 3 bis 5" ersetzt.

c) In Absatz 5 wird die Angabe „§ 81 Abs. 1 und 2, § 263" durch die Angabe „§§ 81, 263" ersetzt.

5. § 13g wird wie folgt geändert:

a) In Absatz 2 Satz 2 wird die Angabe „Abs. 4" durch die Angabe „Abs. 3 und 4" ersetzt.

b) In Absatz 3 werden die Wörter „in § 13e Abs. 2 Satz 4 vorgeschriebenen Angaben" durch die Wörter „Angaben nach § 13e Abs. 2 Satz 3 bis 5" ersetzt.

c) In Absatz 5 wird die Angabe „§ 39 Abs. 1 und 2, § 65" durch die Angabe „§§ 39, 65" ersetzt.

6. Nach § 15 wird folgender § 15a eingefügt:

„§ 15a

Öffentliche Zustellung

Ist bei einer juristischen Person, die zur Anmeldung einer inländischen Geschäftsanschrift zum Handelsregister verpflichtet ist, der Zugang einer Willenserklärung nicht unter der eingetragenen Anschrift oder einer im Handelsregister eingetragenen Anschrift einer für Zustellungen empfangsberechtigten Person oder einer ohne Ermittlungen bekannten anderen inländischen Anschrift möglich, kann die Zustellung nach den für die öffentliche Zustellung geltenden Vorschriften der Zivilprozessordnung erfolgen. Zuständig ist das Amtsgericht, in dessen Bezirk sich die eingetragene inländische Geschäftsanschrift der Gesellschaft befindet. § 132 des Bürgerlichen Gesetzbuchs bleibt unberührt."

7. In § 29 werden die Wörter „und den Ort" durch die Wörter „ , den Ort und die inländische Geschäftsanschrift" ersetzt.

8. In § 31 Abs. 1 werden das Wort „sowie" durch ein Komma ersetzt und nach dem Wort „Ort" die Wörter „sowie die Änderung der inländischen Geschäftsanschrift" eingefügt.

9. § 106 Abs. 2 Nr. 2 wird wie folgt gefasst:

„2. die Firma der Gesellschaft, den Ort, an dem sie ihren Sitz hat, und die inländische Geschäftsanschrift;".

10. In § 107 werden die Wörter „geändert oder" durch das Wort „geändert," ersetzt und nach dem Wort „verlegt" die Wörter „ , die inländische Geschäftsanschrift geändert" eingefügt.

11. § 129a wird aufgehoben.

12. § 130a wird wie folgt geändert:

a) Absatz 1 wird aufgehoben.

b) Die Absätze 2 bis 4 werden die Absätze 1 bis 3.

c) Der bisherige Absatz 2 wird wie folgt geändert:

aa) In Satz 1 werden die Wörter „die Zahlungsunfähigkeit der Gesellschaft" durch die Wörter „bei einer Gesellschaft, bei der kein Gesellschafter eine natürliche Person ist, die Zahlungsunfähigkeit" ersetzt.

bb) Folgende Sätze werden angefügt:

„Entsprechendes gilt für Zahlungen an Gesellschafter, soweit diese zur Zahlungsunfähigkeit der Gesellschaft führen mussten, es sei denn, dies war auch bei Beachtung der in Satz 2 bezeichneten Sorgfalt nicht erkennbar. Die Sätze 1 bis 3 gelten nicht, wenn zu den Gesellschaftern der offenen Handelsgesellschaft eine andere offene Handelsgesellschaft oder Kommanditgesellschaft gehört, bei der ein persönlich haftender Gesellschafter eine natürliche Person ist."

d) In dem bisherigen Absatz 3 Satz 1 werden die Angabe „Absatz 1" durch die Wörter „§ 15a Abs. 1 der Insolvenzordnung" ersetzt und die Wörter „ , nachdem die Zahlungsunfähigkeit der Gesellschaft eingetreten ist oder sich ihre Überschuldung ergeben hat" gestrichen.

e) In dem bisherigen Absatz 4 wird die Angabe „1 bis 3" durch die Angabe „1 und 2" ersetzt.

13. Die §§ 130b und 172a werden aufgehoben.

14. In § 177a Satz 1 werden die Angabe „ , 130a und 130b" durch die Angabe „und 130a" und die Wörter „Satz 1 zweiter Halbsatz" durch die Angabe „Satz 4" ersetzt.

Artikel 4
Änderung des Einführungsgesetzes zum Handelsgesetzbuch

Dem Einführungsgesetz zum Handelsgesetzbuch in der im Bundesgesetzblatt Teil III, Gliederungsnummer 4101-1, veröffentlichten bereinigten Fassung, zuletzt geändert durch Artikel 11 des Gesetzes vom 12. August 2008 (BGBl. I S. 1666), wird nach dem Sechsundzwanzigsten Abschnitt folgender Siebenundzwanzigster Abschnitt angefügt:

„Siebenundzwanzigster Abschnitt

Übergangsvorschriften zum Gesetz zur Modernisierung des GmbH-Rechts und zur Bekämpfung von Missbräuchen

Artikel 64

Die Pflicht, die inländische Geschäftsanschrift bei dem Gericht nach den §§ 13, 13d, 13e, 29 und 106 des Handelsgesetzbuchs in der ab dem Inkrafttreten des Gesetzes vom 23. Oktober 2008 (BGBl. I S. 2026) am 1. November 2008 geltenden Fassung zur Eintragung in das Handelsregister anzumelden, gilt auch für diejenigen, die zu diesem Zeitpunkt bereits in das Handelsregister eingetragen sind, es sei denn, die inländische Geschäftsanschrift ist dem Gericht bereits nach § 24 Abs. 2 oder Abs. 3 der Handelsregisterverordnung mitgeteilt worden und hat sich anschließend nicht geändert. In diesen Fällen ist die inländische Geschäftsanschrift mit der ersten das eingetragene Unternehmen betreffenden Anmeldung zum Handelsregister ab dem 1. November 2008, spätestens aber bis zum 31. Oktober 2009 anzumelden. Wenn bis zum 31. Oktober 2009 keine inländische Geschäftsanschrift zur Eintragung in das Handelsregister angemeldet worden ist, trägt das Gericht von Amts wegen und ohne Überprüfung kostenfrei die ihm nach § 24 Abs. 2, bei Zweigniederlassungen die nach § 24 Abs. 3 der Handelsregisterverordnung bekannte inländische Anschrift als Geschäftsanschrift in das Handelsregister ein; in diesem Fall gilt bei Zweigniederlassungen nach § 13e Abs. 1 des Handelsgesetzbuchs die mitgeteilte Anschrift zudem unabhängig von dem Zeitpunkt ihrer tatsächlichen Eintragung ab dem 31. Oktober 2009 als eingetragene inländische Geschäftsanschrift, wenn sie im elektronischen Informations- und Kommunikationssystem nach § 9 Abs. 1 des Handelsgesetzbuchs abrufbar ist. Ist dem Gericht keine Mitteilung im Sinne des § 24 Abs. 2 oder Abs. 3 der Handelsregisterverordnung gemacht worden, ist ihm aber in sonstiger Weise eine inländische Geschäftsanschrift bekannt geworden, so gilt Satz 3 mit der Maßgabe, dass diese Anschrift einzutragen ist, wenn sie im elektronischen Informations- und Kommunikationssystem nach § 9 Abs. 1 des Handelsgesetzbuchs abrufbar ist. Dasselbe gilt, wenn eine in sonstiger Weise bekannt gewordene inländische Anschrift von einer früher nach § 24 Abs. 2 oder Abs. 3 der Handelsregisterverordnung mitgeteilten Anschrift abweicht. Eintragungen nach den Sätzen 3 bis 5 werden abweichend von § 10 des Handelsgesetzbuchs nicht bekannt gemacht."

Artikel 5
Änderung des Aktiengesetzes

Das Aktiengesetz vom 6. September 1965 (BGBl. I S. 1089), zuletzt geändert durch Artikel 3 des Gesetzes vom 12. August 2008 (BGBl. I S. 1666), wird wie folgt geändert:

1. § 5 wird wie folgt geändert:

   a) Absatz 1 wird wie folgt geändert:

      aa) Die Absatzbezeichnung „(1)" wird gestrichen.

      bb) Nach dem Wort „Ort" werden die Wörter „im Inland" eingefügt.

   b) Absatz 2 wird aufgehoben.

2. § 36 Abs. 2 Satz 2 wird aufgehoben.

3. § 37 wird wie folgt geändert:

   a) Absatz 2 wird wie folgt geändert:

      aa) In Satz 1 werden die Wörter „§ 76 Abs. 3 Satz 3 und 4" durch die Wörter „§ 76 Abs. 3 Satz 2 Nr. 2 und 3 sowie Satz 3" ersetzt.

      bb) Satz 2 wird wie folgt gefasst:

      „Die Belehrung nach § 53 Abs. 2 des Bundeszentralregistergesetzes kann schriftlich vorgenommen werden; sie kann auch durch einen Notar oder einen im Ausland bestellten Notar, durch einen Vertreter eines vergleichbaren rechtsberatenden Berufs oder einen Konsularbeamten erfolgen."

   b) Absatz 3 wird wie folgt gefasst:

      „(3) In der Anmeldung sind ferner anzugeben:

      1. eine inländische Geschäftsanschrift,

      2. Art und Umfang der Vertretungsbefugnis der Vorstandsmitglieder."

   c) Absatz 4 wird wie folgt geändert:

      aa) In Nummer 4 wird das Semikolon am Ende durch einen Punkt ersetzt.

      bb) Nummer 5 wird aufgehoben.

4. § 39 Abs. 1 wird wie folgt geändert:

   a) In Satz 1 werden nach den Wörtern „Sitz der Gesellschaft," die Wörter „eine inländische Geschäftsanschrift," eingefügt.

   b) Nach Satz 1 wird folgender Satz eingefügt:

„Wenn eine Person, die für Willenserklärungen und Zustellungen an die Gesellschaft empfangsberechtigt ist, mit einer inländischen Anschrift zur Eintragung in das Handelsregister angemeldet wird, sind auch diese Angaben einzutragen; Dritten gegenüber gilt die Empfangsberechtigung als fortbestehend, bis sie im Handelsregister gelöscht und die Löschung bekannt gemacht worden ist, es sei denn, dass die fehlende Empfangsberechtigung dem Dritten bekannt war."

5. § 57 Abs. 1 wird wie folgt gefasst:

„(1) Den Aktionären dürfen die Einlagen nicht zurückgewährt werden. Als Rückgewähr gilt nicht die Zahlung des Erwerbspreises beim zulässigen Erwerb eigener Aktien. Satz 1 gilt nicht bei Leistungen, die bei Bestehen eines Beherrschungs- oder Gewinnabführungsvertrags (§ 291) erfolgen oder durch einen vollwertigen Gegenleistungs- oder Rückgewähranspruch gegen den Aktionär gedeckt sind. Satz 1 ist zudem nicht anzuwenden auf die Rückgewähr eines Aktionärsdarlehens und Leistungen auf Forderungen aus Rechtshandlungen, die einem Aktionärdarlehen wirtschaftlich entsprechen."

6. § 76 Abs. 3 Satz 2 bis 4 wird durch folgende Sätze ersetzt:

„Mitglied des Vorstands kann nicht sein, wer

1. als Betreuer bei der Besorgung seiner Vermögensangelegenheiten ganz oder teilweise einem Einwilligungsvorbehalt (§ 1903 des Bürgerlichen Gesetzbuchs) unterliegt,

2. aufgrund eines gerichtlichen Urteils oder einer vollziehbaren Entscheidung einer Verwaltungsbehörde einen Beruf, einen Berufszweig, ein Gewerbe oder einen Gewerbezweig nicht ausüben darf, sofern der Unternehmensgegenstand ganz oder teilweise mit dem Gegenstand des Verbots übereinstimmt,

3. wegen einer oder mehrerer vorsätzlich begangener Straftaten

   a) des Unterlassens der Stellung des Antrags auf Eröffnung des Insolvenzverfahrens (Insolvenzverschleppung),

   b) nach den §§ 283 bis 283d des Strafgesetzbuchs (Insolvenzstraftaten),

   c) der falschen Angaben nach § 399 dieses Gesetzes oder § 82 des Gesetzes betreffend die Gesellschaften mit beschränkter Haftung,

   d) der unrichtigen Darstellung nach § 400 dieses Gesetzes, § 331 des Handelsgesetzbuchs, § 313 des Umwandlungsgesetzes oder § 17 des Publizitätsgesetzes,

   e) nach den §§ 263 bis 264a oder den §§ 265b bis 266a des Strafgesetzbuchs zu einer Freiheitsstrafe von mindestens einem Jahr

verurteilt worden ist; der Ausschluss gilt für die Dauer von fünf Jahren seit der Rechtskraft des Urteils, wobei die Zeit nicht eingerechnet wird, in welcher der Täter auf behördliche Anordnung in einer Anstalt verwahrt worden ist.

Satz 2 Nr. 3 gilt entsprechend bei einer Verurteilung im Ausland wegen einer Tat, die mit den in Satz 2 Nr. 3 genannten Taten vergleichbar ist."

6a. Dem § 71a Abs. 1 wird folgender Satz angefügt:

„Satz 1 gilt zudem nicht für Rechtsgeschäfte bei Bestehen eines Beherrschungs- oder Gewinnabführungsvertrags (§ 291)."

7. § 78 wird wie folgt geändert:

a) Dem Absatz 1 wird folgender Satz angefügt:

„Hat eine Gesellschaft keinen Vorstand (Führungslosigkeit), wird die Gesellschaft für den Fall, dass ihr gegenüber Willenserklärungen abgegeben oder Schriftstücke zugestellt werden, durch den Aufsichtsrat vertreten."

b) Absatz 2 wird wie folgt geändert:

aa) In Satz 2 werden nach dem Wort „Vorstandsmitglied" die Wörter „oder im Fall des Absatzes 1 Satz 2 gegenüber einem Aufsichtsratsmitglied" eingefügt.

bb) Folgende Sätze werden angefügt:

„An die Vertreter der Gesellschaft nach Absatz 1 können unter der im Handelsregister eingetragenen Geschäftsanschrift Willenserklärungen gegenüber der Gesellschaft abgegeben und Schriftstücke für die Gesellschaft zugestellt werden. Unabhängig hiervon können die Abgabe und die Zustellung auch unter der eingetragenen Anschrift der empfangsberechtigten Person nach § 39 Abs. 1 Satz 2 erfolgen."

8. § 79 wird aufgehoben.

9. In § 80 Abs. 4 Satz 1 werden nach den Wörtern „Absätze 1 bis 3" die Wörter „für die Angaben bezüglich der Haupt- und der Zweigniederlassung" eingefügt.

10. In § 81 Abs. 3 Satz 1 werden die Wörter „§ 76 Abs. 3 Satz 3 und 4" durch die Wörter „§ 76 Abs. 3 Satz 2 Nr. 2 und 3 sowie Satz 3" ersetzt.

11. § 92 wird wie folgt geändert:

a) Absatz 2 wird aufgehoben.

b) Der bisherige Absatz 3 wird Absatz 2 und folgender Satz wird angefügt:

„Die gleiche Verpflichtung trifft den Vorstand für Zahlungen an Aktionäre, soweit diese zur Zahlungsunfähigkeit der Gesellschaft führen mussten, es sei denn, dies war auch bei Beachtung der in § 93 Abs. 1 Satz 1 bezeichneten Sorgfalt nicht erkennbar."

12. § 93 Abs. 3 Nr. 6 wird wie folgt gefasst:

„6. Zahlungen entgegen § 92 Abs. 2 geleistet werden,".

12a. In § 105 Abs. 2 Satz 1 wird das Wort „behinderten" durch das Wort „verhinderten" ersetzt.

12b. In § 107 Abs. 1 Satz 0 wird das Wort „behindert" durch das Wort „verhindert" ersetzt.

13. Dem § 112 wird folgender Satz angefügt:

„§ 78 Abs. 2 Satz 2 gilt entsprechend."

14. § 181 Abs. 2 Satz 2 wird aufgehoben.

15. § 216 Abs. 1 Satz 2 wird aufgehoben.

16. In § 265 Abs. 2 Satz 2 werden die Wörter „§ 76 Abs. 3 Satz 3 und 4" durch die Wörter „§ 76 Abs. 3 Satz 2 und 3" ersetzt.

16a. In § 291 Abs. 3 werden die Wörter „auf Grund" durch die Wörter „bei Bestehen" ersetzt.

17. § 399 Abs. 1 wird wie folgt geändert:

  a) In Nummer 1 werden die Wörter „ , Sachübernahmen und Sicherungen für nicht voll einbezahlte Geldeinlagen" durch die Wörter „und Sachübernahmen" ersetzt.

  b) In Nummer 6 werden nach dem Wort „Vorstands" die Wörter „einer Aktiengesellschaft oder des Leitungsorgans einer ausländischen juristischen Person" eingefügt.

18. § 401 Abs. 1 wird wie folgt geändert:

  a) In Nummer 1 werden die Angabe „1." gestrichen und das Wort „ , oder" durch einen Punkt ersetzt.

  b) Nummer 2 wird aufgehoben.

Artikel 6
Änderung des Einführungsgesetzes zum Aktiengesetz

Das Einführungsgesetz zum Aktiengesetz vom 6. September 1965 (BGBl. I S. 1185), zuletzt geändert durch Artikel 12 Abs. 10 des Gesetzes vom 10. November 2006 (BGBl. I S. 2553), wird wie folgt geändert:

1. In § 4 Abs. 1 Satz 3 wird die Angabe „Abs. 2 Satz 2" gestrichen.

2. Nach § 17 werden folgende §§ 18 und 19 eingefügt:

„§ 18
Übergangsvorschrift zu
den §§ 37 und 39 des Aktiengesetzes

Die Pflicht, die inländische Geschäftsanschrift bei dem Gericht nach § 37 des Aktiengesetzes in der ab dem Inkrafttreten des Gesetzes vom 23. Oktober 2008 (BGBl. I S. 2026) am 1. November 2008 geltenden Fassung zur Eintragung in das Handelsregister anzumelden, gilt auch für Gesellschaften, die zu diesem Zeitpunkt bereits im Handelsregister eingetragen sind, es sei denn, die inländische Geschäftsanschrift ist dem Gericht bereits nach § 24 Abs. 2 der Handelsregisterverordnung mitgeteilt worden und hat sich anschließend nicht geändert. In diesen Fällen ist die inländische Geschäftsanschrift mit der ersten die eingetragene Gesellschaft betreffenden Anmeldung zum Handelsregister ab dem 1. November 2008, spätestens aber bis zum 31. Oktober 2009 anzumelden. Wenn bis zum 31. Oktober 2009 keine inländische Geschäftsanschrift zur Eintragung in das Handelsregister angemeldet worden ist, trägt das Gericht von Amts wegen und ohne Überprüfung kostenfrei die ihm nach § 24 Abs. 2 der Handelsregisterverordnung bekannte inländische Geschäftsanschrift in das Handelsregister ein; in diesem Fall gilt die mitgeteilte Anschrift zudem unabhängig von dem Zeitpunkt ihrer tatsächlichen Eintragung ab dem 31. Oktober 2009 als eingetragene inländische Geschäftsanschrift der Gesellschaft, wenn sie im elektronischen Informations- und Kommunikationssystem nach § 9 Abs. 1 des Handelsgesetzbuchs abrufbar ist. Ist dem Gericht keine Mitteilung im Sinne des § 24 Abs. 2 der Handelsregisterverordnung gemacht worden, ist ihm aber in sonstiger Weise eine inländische Geschäftsanschrift bekannt geworden, so gilt Satz 3 mit der Maßgabe, dass diese Anschrift einzutragen ist, wenn sie im elektronischen Informations- und Kommunikationssystem nach § 9 Abs. 1 des Handelsgesetzbuchs abrufbar ist. Dasselbe gilt, wenn eine in sonstiger Weise bekannt gewordene inländische Anschrift von einer früher nach § 24 Abs. 2 der Handelsregisterverordnung mitgeteilten Anschrift abweicht. Eintragungen nach den Sätzen 3 bis 5 werden abweichend von § 10 des Handelsgesetzbuchs nicht bekannt gemacht.

§ 19
Übergangsvorschrift
zu § 76 Abs. 3 Satz 2 Nr. 3
und Satz 3 des Aktiengesetzes

§ 76 Abs. 3 Satz 2 Nr. 3 Buchstabe a, c, d und e des Aktiengesetzes in der ab dem Inkrafttreten des Gesetzes vom 23. Oktober 2008 (BGBl. I S. 2026) am 1. November 2008 geltenden Fassung ist auf Personen, die vor diesem Tag zum Vorstandsmitglied bestellt worden sind, nicht anzuwenden, wenn die Verurteilung vor dem 1. November 2008 rechtskräftig geworden ist. Entsprechendes gilt für § 76 Abs. 3 Satz 3 des Aktiengesetzes in der ab dem 1. November 2008 geltenden Fassung, soweit die Verurteilung wegen einer Tat erfolgte, die den Straftaten im Sinne des Satzes 1 vergleichbar ist."

Artikel 6a
Änderung des Gerichtsverfassungsgesetzes

In § 74c Abs. 1 Nr. 1 des Gerichtsverfassungsgesetzes in der Fassung der Bekanntmachung vom 9. Mai 1975 (BGBl. I S. 1077), das zuletzt durch Artikel 3 des Gesetzes vom 8. Juli 2008 (BGBl. I S. 1212) geändert worden ist, werden nach den Wörtern „dem Gesetz gegen den unlauteren Wettbewerb" ein Komma und die Wörter „der Insolvenzordnung" eingefügt.

Artikel 6b
Änderung des Verwaltungszustellungsgesetzes

§ 10 Abs. 1 Satz 1 des Verwaltungszustellungsgesetzes vom 12. August 2005 (BGBl. I S. 2354) wird wie folgt geändert:

1. In Nummer 1 wird das Wort „oder" am Ende durch ein Komma ersetzt.

2. Nach Nummer 1 wird folgende Nummer 2 eingefügt:

„2. bei juristischen Personen, die zur Anmeldung einer inländischen Geschäftsanschrift zum Handelsregister verpflichtet sind, eine Zustellung weder unter der eingetragenen Anschrift noch unter einer im Handelsregister eingetragenen Anschrift einer für Zustellungen empfangsberechtigten Person oder einer ohne Ermittlungen bekannten anderen inländischen Anschrift möglich ist oder".

3. Die bisherige Nummer 2 wird die Nummer 3.

Artikel 7
Änderung des Rechtspflegergesetzes

In § 17 Nr. 1 Buchstabe f des Rechtspflegergesetzes vom 5. November 1969 (BGBl. I S. 2065), das zuletzt durch Artikel 78 Abs. 3 des Gesetzes vom 23. November 2007 (BGBl. I S. 2614) geändert worden ist, wird die Angabe „und 144b" gestrichen.

Artikel 8
Änderung der Zivilprozessordnung

Die Zivilprozessordnung in der Fassung der Bekanntmachung vom 5. Dezember 2005 (BGBl. I S. 3202, 2006 I S. 431, 2007 I S. 1781), zuletzt geändert durch Artikel 8 des Gesetzes vom 12. August 2008 (BGBl. I S. 1666), wird wie folgt geändert:

1. In § 22 werden nach dem Wort „ihnen" die Wörter „oder von dem Insolvenzverwalter" eingefügt und das Wort „ihre" durch das Wort „die" ersetzt.

2. § 185 wird wie folgt geändert:

    a) Nach Nummer 1 wird folgende Nummer 2 eingefügt:

    „2. bei juristischen Personen, die zur Anmeldung einer inländischen Geschäftsanschrift zum Handelsregister verpflichtet sind, eine Zustellung weder unter der eingetragenen Anschrift noch unter einer im Handelsregister eingetragenen Anschrift für Zustellungen empfangsberechtigten Person oder einer ohne Ermittlungen bekannten anderen inländischen Anschrift möglich ist,".

    b) Die bisherigen Nummern 2 und 3 werden die Nummern 3 und 4.

Artikel 9
Änderung der Insolvenzordnung

Die Insolvenzordnung vom 5. Oktober 1994 (BGBl. I S. 2866), zuletzt geändert durch Artikel 6 Abs. 3 des Gesetzes vom 17. Oktober 2008 (BGBl. I S. 1982), wird wie folgt geändert:

1. Dem § 10 Abs. 2 wird folgender Satz angefügt:

    „Ist der Schuldner eine juristische Person und hat diese keinen organschaftlichen Vertreter (Führungslosigkeit), so können die an ihm beteiligten Personen gehört werden; Absatz 1 Satz 1 gilt entsprechend."

2. § 15 wird wie folgt geändert:

    a) Dem Absatz 1 wird folgender Satz angefügt:

    „Bei einer juristischen Person ist im Fall der Führungslosigkeit auch jeder Gesellschafter, bei einer Aktiengesellschaft oder einer Genossenschaft zudem auch jedes Mitglied des Aufsichtsrats zur Antragstellung berechtigt."

    b) Absatz 2 wird wie folgt geändert:

    aa) In Satz 1 werden nach dem Wort „Gesellschaftern" die Wörter „ , allen Gesellschaftern der juristischen Person, allen Mitgliedern des Aufsichtsrats" eingefügt.

    bb) Nach Satz 1 wird folgender Satz eingefügt:

    „Zusätzlich ist bei Antragstellung durch Gesellschafter einer juristischen Person oder Mitglieder des Aufsichtsrats auch die Führungslosigkeit glaubhaft zu machen."

    cc) In dem bisherigen Satz 2 werden nach dem Wort „Gesellschafter" die Wörter „ , Gesellschafter der juristischen Person, Mitglieder des Aufsichtsrats" eingefügt.

3. Nach § 15 wird folgender § 15a eingefügt:

    „§ 15a
    Antragspflicht bei juristischen Personen und Gesellschaften ohne Rechtspersönlichkeit

    (1) Wird eine juristische Person zahlungsunfähig oder überschuldet, haben die Mitglieder des Vertretungsorgans oder die Abwickler ohne schuldhaftes Zögern, spätestens aber drei Wochen nach Eintritt der Zahlungsunfähigkeit oder Überschuldung, einen Insolvenzantrag zu stellen. Das Gleiche gilt für die organschaftlichen Vertreter der zur Vertretung der Gesellschaft ermächtigten Gesellschafter oder die Abwickler bei einer Gesellschaft ohne Rechtspersönlichkeit, bei der kein persönlich haftender Gesellschafter eine natürliche Person ist; dies gilt nicht, wenn zu den persönlich haftenden Gesellschaftern eine andere Gesellschaft gehört, bei der ein persönlich haftender Gesellschafter eine natürliche Person ist.

    (2) Bei einer Gesellschaft im Sinne des Absatzes 1 Satz 2 gilt Absatz 1 sinngemäß, wenn die organschaftlichen Vertreter der zur Vertretung der Gesellschaft ermächtigten Gesellschafter ihrerseits Gesellschaften sind, bei denen kein Gesellschafter eine natürliche Person ist, oder sich die Verbindung von Gesellschaften in dieser Art fortsetzt.

    (3) Im Fall der Führungslosigkeit einer Gesellschaft mit beschränkter Haftung ist auch jeder Gesellschafter, im Fall der Führungslosigkeit einer Aktiengesellschaft oder einer Genossenschaft ist auch jedes Mitglied des Aufsichtsrats zur Stellung des Antrags verpflichtet, es sei denn, diese Person hat von der Zahlungsunfähigkeit und der Überschuldung oder der Führungslosigkeit keine Kenntnis.

    (4) Mit Freiheitsstrafe bis zu drei Jahren oder mit Geldstrafe wird bestraft, wer entgegen Absatz 1 Satz 1, auch in Verbindung mit Absatz 2 oder Absatz 3, einen Insolvenzantrag nicht, nicht richtig oder nicht rechtzeitig stellt.

    (5) Handelt der Täter in den Fällen des Absatzes 4 fahrlässig, ist die Strafe Freiheitsstrafe bis zu einem Jahr oder Geldstrafe."

4. Dem § 19 Abs. 2 wird folgender Satz angefügt:

    „Forderungen auf Rückgewähr von Gesellschafterdarlehen oder aus Rechtshandlungen, die einem solchen Darlehen wirtschaftlich entsprechen, für die gemäß § 39 Abs. 2 zwischen Gläubiger und Schuldner der Nachrang im Insolvenzverfahren hinter den in § 39 Abs. 1 Nr. 1 bis 5 bezeichneten Forderungen vereinbart worden ist, sind nicht bei den Verbindlichkeiten nach Satz 1 zu berücksichtigen."

4a. In § 26 Abs. 3 Satz 1 werden vor dem Wort „Gesellschaftsrechts" die Wörter „Insolvenz- oder" eingefügt.

5. § 39 wird wie folgt geändert:

a) Absatz 1 Nr. 5 wird wie folgt gefasst:

„5. nach Maßgabe der Absätze 4 und 5 Forderungen auf Rückgewähr eines Gesellschafterdarlehens oder Forderungen aus Rechtshandlungen, die einem solchen Darlehen wirtschaftlich entsprechen."

b) Folgende Absätze 4 und 5 werden angefügt:

„(4) Absatz 1 Nr. 5 gilt für Gesellschaften, die weder eine natürliche Person noch eine Gesellschaft als persönlich haftenden Gesellschafter haben, bei der ein persönlich haftender Gesellschafter eine natürliche Person ist. Erwirbt ein Gläubiger bei drohender oder eingetretener Zahlungsunfähigkeit der Gesellschaft oder bei Überschuldung Anteile zum Zweck ihrer Sanierung, führt dies bis zur nachhaltigen Sanierung nicht zur Anwendung von Absatz 1 Nr. 5 auf seine Forderungen aus bestehenden oder neu gewährten Darlehen oder auf Forderungen aus Rechtshandlungen, die einem solchen Darlehen wirtschaftlich entsprechen.

(5) Absatz 1 Nr. 5 gilt nicht für den nicht geschäftsführenden Gesellschafter einer Gesellschaft im Sinne des Absatzes 4 Satz 1, der mit 10 Prozent oder weniger am Haftkapital beteiligt ist."

6. Nach § 44 wird folgender § 44a eingefügt:

„§ 44a

Gesicherte Darlehen

In dem Insolvenzverfahren über das Vermögen einer Gesellschaft kann ein Gläubiger nach Maßgabe des § 39 Abs. 1 Nr. 5 für eine Forderung auf Rückgewähr eines Darlehens oder für eine gleichgestellte Forderung, für die ein Gesellschafter eine Sicherheit bestellt oder für die er sich verbürgt hat, nur anteilsmäßige Befriedigung aus der Insolvenzmasse verlangen, soweit er bei der Inanspruchnahme der Sicherheit oder des Bürgen ausgefallen ist."

7. § 101 wird wie folgt geändert:

a) In Absatz 1 Satz 2 wird der Punkt am Satzende durch ein Semikolon ersetzt und folgender Halbsatz angefügt:

„verfügt der Schuldner über keinen Vertreter, gilt dies auch für die Personen, die an ihm beteiligt sind."

b) Folgender Absatz 3 wird angefügt:

„(3) Kommen die in den Absätzen 1 und 2 genannten Personen ihrer Auskunfts- und Mitwirkungspflicht nicht nach, können ihnen im Fall der Abweisung des Antrags auf Eröffnung des Insolvenzverfahrens die Kosten des Verfahrens auferlegt werden."

8. § 135 wird wie folgt gefasst:

„§ 135

Gesellschafterdarlehen

(1) Anfechtbar ist eine Rechtshandlung, die für die Forderung eines Gesellschafters auf Rückgewähr eines Darlehens im Sinne des § 39 Abs. 1 Nr. 5 oder für eine gleichgestellte Forderung

1. Sicherung gewährt hat, wenn die Handlung in den letzten zehn Jahren vor dem Antrag auf Eröffnung des Insolvenzverfahrens oder nach diesem Antrag vorgenommen worden ist, oder

2. Befriedigung gewährt hat, wenn die Handlung im letzten Jahr vor dem Eröffnungsantrag oder nach diesem Antrag vorgenommen worden ist.

(2) Anfechtbar ist eine Rechtshandlung, mit der eine Gesellschaft einem Dritten für eine Forderung auf Rückgewähr eines Darlehens innerhalb der in Absatz 1 Nr. 2 genannten Fristen Befriedigung gewährt hat, wenn ein Gesellschafter für die Forderung eine Sicherheit bestellt hatte oder als Bürge haftete; dies gilt sinngemäß für Leistungen auf Forderungen, die einem Darlehen wirtschaftlich entsprechen.

(3) Wurde dem Schuldner von einem Gesellschafter ein Gegenstand zum Gebrauch oder zur Ausübung überlassen, so kann der Aussonderungsanspruch während der Dauer des Insolvenzverfahrens, höchstens aber für eine Zeit von einem Jahr ab der Eröffnung des Insolvenzverfahrens nicht geltend gemacht werden, wenn der Gegenstand für die Fortführung des Unternehmens des Schuldners von erheblicher Bedeutung ist. Für den Gebrauch oder die Ausübung des Gegenstandes gebührt dem Gesellschafter ein Ausgleich; bei der Berechnung ist der Durchschnitt der im letzten Jahr vor Verfahrenseröffnung geleisteten Vergütung in Ansatz zu bringen, bei kürzerer Dauer der Überlassung ist der Durchschnitt während dieses Zeitraums maßgebend.

(4) § 39 Abs. 4 und 5 gilt entsprechend."

9. Dem § 143 wird folgender Absatz 3 angefügt:

„(3) Im Fall der Anfechtung nach § 135 Abs. 2 hat der Gesellschafter, der die Sicherheit bestellt hatte oder als Bürge haftete, die dem Dritten gewährte Leistung zur Insolvenzmasse zu erstatten. Die Verpflichtung besteht nur bis zur Höhe des Betrags, mit dem der Gesellschafter als Bürge haftete oder der dem Wert der von ihm bestellten Sicherheit im Zeitpunkt der Rückgewähr des Darlehens oder der Leistung auf die gleichgestellte Forderung entspricht. Der Gesellschafter wird von der Verpflichtung frei, wenn er die Gegenstände, die dem Gläubiger als Sicherheit gedient hatten, der Insolvenzmasse zur Verfügung stellt."

10. In § 345 Abs. 2 Satz 2 wird die Angabe „§ 13e Abs. 2 Satz 4 Nr. 3" durch die Angabe „§ 13e Abs. 2 Satz 5 Nr. 3" ersetzt.

Artikel 10

Änderung des
Einführungsgesetzes zur Insolvenzordnung

Nach Artikel 103c des Einführungsgesetzes zur Insolvenzordnung vom 5. Oktober 1994 (BGBl. I S. 2911), das zuletzt durch Artikel 9a des Gesetzes vom 12. Dezember 2007 (BGBl. I S. 2840) geändert worden ist, wird folgender Artikel 103d eingefügt:

„Artikel 103d

Überleitungsvorschrift zum
Gesetz zur Modernisierung des GmbH-Rechts
und zur Bekämpfung von Missbräuchen

Auf Insolvenzverfahren, die vor dem Inkrafttreten des Gesetzes vom 23. Oktober 2008 (BGBl. I S. 2026) am 1. November 2008 eröffnet worden sind, sind die bis dahin geltenden gesetzlichen Vorschriften weiter anzuwenden. Im Rahmen von nach dem 1. November 2008 eröffneten Insolvenzverfahren sind auf vor dem 1. November 2008 vorgenommene Rechtshandlungen die bis dahin geltenden Vorschriften der Insolvenzordnung über die Anfechtung von Rechtshandlungen anzuwenden, soweit die Rechtshandlungen nach dem bisherigen Recht der Anfechtung entzogen oder in geringerem Umfang unterworfen sind."

Artikel 11

Änderung
des Anfechtungsgesetzes

Das Anfechtungsgesetz vom 5. Oktober 1994 (BGBl. I S. 2911) wird wie folgt geändert:

1. § 6 wird durch folgende §§ 6 und 6a ersetzt:

„§ 6

Gesellschafterdarlehen

(1) Anfechtbar ist eine Rechtshandlung, die für die Forderung eines Gesellschafters auf Rückgewähr eines Darlehens im Sinne des § 39 Abs. 1 Nr. 5 der Insolvenzordnung oder für eine gleichgestellte Forderung

1. Sicherung gewährt hat, wenn die Handlung in den letzten zehn Jahren vor Erlangung des vollstreckbaren Schuldtitels oder danach vorgenommen worden ist, oder

2. Befriedigung gewährt hat, wenn die Handlung im letzten Jahr vor Erlangung des vollstreckbaren Schuldtitels oder danach vorgenommen worden ist.

Wurde ein Antrag auf Eröffnung eines Insolvenzverfahrens nach § 26 Abs. 1 der Insolvenzordnung abgewiesen, bevor der Gläubiger einen vollstreckbaren Schuldtitel erlangt hat, so beginnt die Anfechtungsfrist mit dem Antrag auf Eröffnung des Insolvenzverfahrens.

(2) Die Anfechtung ist ausgeschlossen, wenn nach dem Schluss des Jahres, in dem der Gläubiger den vollstreckbaren Schuldtitel erlangt hat, drei Jahre verstrichen sind. Wurde die Handlung später vorgenommen, so ist die Anfechtung drei Jahre nach dem Schluss des Jahres ausgeschlossen, in dem die Handlung vorgenommen worden ist.

§ 6a

Gesicherte Darlehen

Anfechtbar ist eine Rechtshandlung, mit der eine Gesellschaft einem Dritten für eine Forderung auf Rückgewähr eines Darlehens innerhalb der in § 6 Abs. 1 Satz 1 Nr. 2 und Satz 2 genannten Fristen Befriedigung gewährt hat, wenn ein Gesellschafter für die Forderung eine Sicherheit bestellt hatte oder als Bürge haftete; dies gilt sinngemäß für Leistungen auf Forderungen, die einem Darlehen wirtschaftlich entsprechen. § 39 Abs. 4 und 5 der Insolvenzordnung und § 6 Abs. 2 gelten entsprechend."

2. In § 7 Abs. 1 wird die Angabe „§§ 3, 4 und 6" durch die Angabe „§§ 3 und 4" ersetzt.

3. Dem § 11 wird folgender Absatz 3 angefügt:

„(3) Im Fall der Anfechtung nach § 6a hat der Gesellschafter, der die Sicherheit bestellt hatte oder als Bürge haftete, die Zwangsvollstreckung in sein Vermögen bis zur Höhe des Betrags zu dulden, mit dem er als Bürge haftete oder der dem Wert der von ihm bestellten Sicherheit im Zeitpunkt der Rückgewähr des Darlehens oder der Leistung auf die gleichgestellte Forderung entspricht. Der Gesellschafter wird von der Verpflichtung frei, wenn er die Gegenstände, die dem Gläubiger als Sicherheit gedient hatten, dem Gläubiger zur Verfügung stellt."

4. § 18 Abs. 2 wird wie folgt geändert:

a) Die Angabe „§§ 3, 4 und 6" wird durch die Angabe „§§ 3 und 4" ersetzt.

b) Folgender Satz wird angefügt:

„Satz 1 gilt für die in den §§ 6 und 6a bestimmten Fristen entsprechend mit der Maßgabe, dass an die Stelle der gerichtlichen Geltendmachung des Anfechtungsanspruchs die Erlangung des vollstreckbaren Schuldtitels tritt."

5. Dem § 20 wird folgender Absatz 3 angefügt:

„(3) Die Vorschriften dieses Gesetzes in der ab dem Inkrafttreten des Gesetzes vom 23. Oktober 2008 (BGBl. I S. 2026) am 1. November 2008 geltenden Fassung sind auf vor dem 1. November 2008 vorgenommene Rechtshandlungen nur anzuwenden, soweit diese nicht nach dem bisherigen Recht der Anfechtung entzogen oder in geringerem Umfang unterworfen sind; andernfalls sind die bis zum 1. November 2008 anwendbaren Vorschriften weiter anzuwenden."

Artikel 12

Änderung
des Gesetzes über die
Angelegenheiten der freiwilligen Gerichtsbarkeit

Das Gesetz über die Angelegenheiten der freiwilligen Gerichtsbarkeit in der im Bundesgesetzblatt Teil III, Gliederungsnummer 315-1, veröffentlichten bereinigten Fassung, zuletzt geändert durch Artikel 2 des Gesetzes vom 4. Juli 2008 (BGBl. I S. 1188), wird wie folgt geändert:

1. § 142 wird wie folgt geändert:

a) Absatz 1 Satz 1 wird wie folgt gefasst:

„Ist eine Eintragung im Register wegen des Mangels einer wesentlichen Voraussetzung unzulässig, kann das Registergericht sie von Amts wegen löschen."

b) Dem Absatz 2 wird folgender Satz angefügt:

„§ 141a Abs. 2 Satz 1 und 2 gilt entsprechend."

2. § 144b wird aufgehoben.

Artikel 13
Änderung der Handelsregisterverordnung

Die Handelsregisterverordnung vom 12. August 1937 (RMBl. S. 515), zuletzt geändert durch Artikel 17a des Gesetzes vom 21. Dezember 2007 (BGBl. I S. 3089), wird wie folgt geändert:

1. Nach § 9 Abs. 1 Satz 2 wird folgender Satz eingefügt:

   „Ein Widerspruch gegen eine Eintragung in der Gesellschafterliste (§ 16 Abs. 3 Satz 3 des Gesetzes betreffend die Gesellschaften mit beschränkter Haftung) ist der Gesellschafterliste zuzuordnen und zudem besonders hervorzuheben."

2. In § 23 Satz 2 wird das Wort „einzuholen" durch das Wort „einholen" ersetzt.

3. § 24 wird wie folgt geändert:

   a) Absatz 2 wird wie folgt gefasst:

   „(2) Bei der Anmeldung ist die Lage der Geschäftsräume anzugeben. Dies gilt nicht, wenn die Lage der Geschäftsräume als inländische Geschäftsanschrift zur Eintragung in das Handelsregister angemeldet wird oder bereits in das Handelsregister eingetragen worden ist. Eine Änderung der Lage der Geschäftsräume ist dem Registergericht unverzüglich mitzuteilen; Satz 2 gilt entsprechend."

   b) In Absatz 3 werden die Wörter „von deren Geschäftsanschrift" durch die Wörter „der Lage ihrer Geschäftsräume" ersetzt.

3a. § 29 Abs. 1 wird wie folgt geändert:

   a) In Nummer 3 wird der Punkt am Ende durch ein Semikolon ersetzt.

   b) Folgende Nummer 4 wird angefügt:

   „4. für die Eintragung der inländischen Geschäftsanschrift."

4. § 34 wird wie folgt geändert:

   a) Nach Satz 1 wird folgender Satz eingefügt:

   „Ist eine inländische Geschäftsanschrift eingetragen, so ist diese anstelle der Lage der Geschäftsräume anzugeben."

   b) In dem bisherigen Satz 2 wird das Wort „diese" durch die Wörter „die in Satz 1 genannten" ersetzt.

5. In § 40 Nr. 2 Buchstabe b werden nach dem Wort „Sitz" die Wörter „ , bei Einzelkaufleuten und Personenhandelsgesellschaften die inländische Geschäftsanschrift" und nach dem Wort „Postleitzahl" die Wörter „ , der inländischen Geschäftsanschrift" eingefügt.

6. § 43 wird wie folgt geändert:

   a) In Nummer 2 Buchstabe b werden nach dem Wort „Sitz" die Wörter „ , bei Aktiengesellschaften, bei einer SE, bei Kommanditgesellschaften auf Aktien und Gesellschaften mit beschränkter Haftung die inländische Geschäftsanschrift sowie gegebenenfalls Familienname und Vorname oder Firma und Rechtsform sowie inländische Anschrift einer für Willenserklärungen und Zustellungen empfangsberechtigten Person," und nach dem Wort „Postleitzahl" die Wörter „ , der inländischen Geschäftsanschrift" eingefügt.

   b) In Nummer 4 Satz 3 wird die Angabe „§ 13e Abs. 2 Satz 4 Nr. 3" durch die Angabe „§ 13e Abs. 2 Satz 5 Nr. 3" ersetzt.

6a. Die Anlage 3 wird wie folgt gefasst:

„**Anlage 3**
(zu § 33 Abs. 3)

Muster für Bekanntmachungen

Amtsgericht Charlottenburg – Registergericht –, Aktenzeichen: HRB 8297

In ( ) gesetzte Angaben der Anschrift und des Geschäftszweiges erfolgen ohne Gewähr:

Neueintragungen
27.06.2009
HRB 8297 Jahn & Schubert GmbH, Berlin, Behrenstr. 9, 10117 Berlin. Gesellschaft mit beschränkter Haftung. Gegenstand: der Betrieb einer Buchdruckerei. Stammkapital: 30 000 EUR. Allgemeine Vertretungsregelung: Ist nur ein Geschäftsführer bestellt, so vertritt er die Gesellschaft allein. Sind mehrere Geschäftsführer bestellt, so wird die Gesellschaft durch zwei Geschäftsführer oder durch einen Geschäftsführer gemeinsam mit einem Prokuristen vertreten. Geschäftsführerin: Wedemann, Frauke, Berlin *18.05.1986, einzelvertretungsberechtigt mit der Befugnis im Namen der Gesellschaft mit sich im eigenen Namen oder als Vertreter eines Dritten Rechtsgeschäfte abzuschließen. Gesellschaftsvertrag vom 13. 01. 2009 mit Änderung vom 17.01.2009.

Bekannt gemacht am: 30.06.2009."

7. In Anlage 4 werden in Spalte 2 Buchstabe b nach dem Wort „Niederlassung," die Wörter „inländische Geschäftsanschrift" eingefügt.

8. In Anlage 5 werden in Spalte 2 Buchstabe b nach dem Wort „Niederlassung," die Wörter „inländische Geschäftsanschrift, empfangsberechtigte Person" eingefügt.

9. In Anlage 6 Nr. 2 Buchstabe b werden nach dem Wort „Niederlassung," die Wörter „inländische Geschäftsanschrift" eingefügt.

10. In Anlage 7 Nr. 2 Buchstabe b werden nach dem Wort „Niederlassung," die Wörter „inländische Geschäftsanschrift, empfangsberechtigte Person" eingefügt.

Artikel 14
Änderung der Genossenschaftsregisterverordnung

Die Genossenschaftsregisterverordnung in der Fassung der Bekanntmachung vom 16. Oktober 2006 (BGBl. I S. 2268), geändert durch Artikel 5 Abs. 4 des Gesetzes vom 10. November 2006 (BGBl. I S. 2553), wird wie folgt geändert:

1. In § 26 Nr. 2 werden nach den Wörtern „Europäischen Genossenschaft" die Wörter „sowie bei einer Europäischen Genossenschaft die inländische Geschäftsanschrift und gegebenenfalls Familienname

und Vorname oder Firma und Rechtsform sowie inländische Anschrift einer für Willenserklärungen und Zustellungen empfangsberechtigten Person," eingefügt.

2. In Anlage 1 werden in Spalte 2 Buchstabe b nach dem Wort „Niederlassung," die Wörter „inländische Geschäftsanschrift und empfangsberechtigte Person der Europäischen Genossenschaft," eingefügt.

3. In Anlage 2 Nr. 2 Buchstabe b werden nach dem Wort „Niederlassung," die Wörter „inländische Geschäftsanschrift und empfangsberechtigte Person der Europäischen Genossenschaft," eingefügt.

Artikel 15
Änderung der Kostenordnung

Die Kostenordnung in der im Bundesgesetzblatt Teil III, Gliederungsnummer 361-1, veröffentlichten bereinigten Fassung, zuletzt geändert durch Artikel 1 des Gesetzes vom 7. Juli 2008 (BGBl. I S. 1191), wird wie folgt geändert:

1. In § 39 Abs. 4 werden nach dem Wort „Wert" die Wörter „mindestens auf 25 000 Euro und" eingefügt.

2. Dem § 41a Abs. 1 Nr. 1 wird folgender Halbsatz angefügt:

„der Wert beträgt mindestens 25 000 Euro;".

2a. Nach § 41c wird folgender § 41d eingefügt:

„§ 41d
Verwendung von Musterprotokollen

Die in § 39 Abs. 4, § 41a Abs. 1 Nr. 1 und Abs. 4 Nr. 1, auch in Verbindung mit § 41c Abs. 1, bestimmten Mindestwerte gelten nicht für die Gründung einer Gesellschaft gemäß § 2 Abs. 1a des Gesetzes betreffend die Gesellschaften mit beschränkter Haftung und, wenn von dem in der Anlage zu dem Gesetz betreffend die Gesellschaften mit beschränkter Haftung bestimmten Musterprotokoll nicht abgewichen wird, für Änderungen des Gesellschaftsvertrags."

3. In § 88 Abs. 2 Satz 1 wird die Angabe „oder § 144b" gestrichen.

Artikel 16
Änderung des EWIV-Ausführungsgesetzes

Das EWIV-Ausführungsgesetz vom 14. April 1988 (BGBl. I S. 514), zuletzt geändert durch Artikel 12 Abs. 9 des Gesetzes vom 10. November 2006 (BGBl. I S. 2553), wird wie folgt geändert:

1. § 3 Abs. 3 Satz 2 wird wie folgt gefasst:

„Die Belehrung nach § 53 Abs. 2 des Bundeszentralregistergesetzes kann schriftlich vorgenommen werden; sie kann auch durch einen Notar oder einen im Ausland bestellten Notar, durch einen Vertreter eines vergleichbaren rechtsberatenden Berufs oder einen Konsularbeamten erfolgen."

2. In § 11 Satz 2 werden die Wörter „der entsprechenden Anwendung des § 130a des Handelsgesetzbuchs" durch die Wörter „des § 15a Abs. 1 Satz 2 der Insolvenzordnung" ersetzt.

3. § 15 wird aufgehoben.

Artikel 17
Änderung des Umwandlungsgesetzes

Das Umwandlungsgesetz vom 28. Oktober 1994 (BGBl. I S. 3210, 1995 I S. 428), zuletzt geändert durch Artikel 1 des Gesetzes vom 19. April 2007 (BGBl. I S. 542), wird wie folgt geändert:

1. § 46 Abs. 1 Satz 3 wird wie folgt gefasst:

„Er muss auf volle Euro lauten."

2. § 51 Abs. 2 wird wie folgt gefasst:

„(2) Wird der Nennbetrag der Geschäftsanteile nach § 46 Abs. 1 Satz 2 abweichend vom Betrag der Aktien festgesetzt, so muss der Festsetzung jeder Aktionär zustimmen, der sich nicht mit seinem gesamten Anteil beteiligen kann."

3. In § 54 Abs. 3 Satz 1 werden die Wörter „sowie § 5 Abs. 1 zweiter Halbsatz und Abs. 3 Satz 2 des Gesetzes betreffend die Gesellschaften mit beschränkter Haftung nicht anzuwenden; jedoch muß der Nennbetrag jedes Teils der Geschäftsanteile mindestens fünfzig Euro betragen und durch zehn teilbar sein" durch die Wörter „nicht anzuwenden; jedoch muss der Nennbetrag jedes Teils der Geschäftsanteile auf volle Euro lauten" ersetzt.

4. § 55 Abs. 1 Satz 2 wird aufgehoben.

5. § 241 Abs. 1 Satz 2 wird aufgehoben.

6. In § 242 werden die Wörter „und ist dies nicht durch § 243 Abs. 3 Satz 2 bedingt" gestrichen.

7. § 243 Abs. 3 Satz 2 wird wie folgt gefasst:

„Bei einer Gesellschaft mit beschränkter Haftung muss er auf volle Euro lauten."

8. (entfallen)

9. In § 258 Abs. 2 und 273 werden jeweils die Wörter „durch zehn teilbarer Geschäftsanteil von mindestens fünfzig Euro" durch die Wörter „Geschäftsanteil, dessen Nennbetrag auf volle Euro lautet," ersetzt.

Artikel 18
Änderung des SE-Ausführungsgesetzes

Das SE-Ausführungsgesetz vom 22. Dezember 2004 (BGBl. I S. 3675), zuletzt geändert durch Artikel 12 Abs. 11 des Gesetzes vom 10. November 2006 (BGBl. I S. 2553), wird wie folgt geändert:

1. Die Inhaltsübersicht wird wie folgt geändert:

a) Die Angabe zu § 2 wird wie folgt gefasst:

„§ 2 (weggefallen)".

b) Die Angabe zu § 42 wird wie folgt gefasst:

„§ 42 (weggefallen)".

2. § 2 wird aufgehoben.

3. § 21 Abs. 2 Satz 2 wird wie folgt gefasst:

„In der Anmeldung sind Art und Umfang der Vertretungsbefugnis der geschäftsführenden Direktoren anzugeben."

4. In § 22 Abs. 5 Satz 2 werden nach dem Wort „Gesellschaft" die Wörter „hat der Verwaltungsrat den Insolvenzantrag nach § 15a Abs. 1 der Insolvenzordnung zu stellen;" eingefügt und die Angabe „gilt § 92 Abs. 2 und 3" durch die Angabe „§ 92 Abs. 2 gilt" ersetzt.

5. § 41 wird wie folgt geändert:

   a) Dem Absatz 1 wird folgender Satz angefügt:

   „Hat eine Gesellschaft keine geschäftsführenden Direktoren (Führungslosigkeit), wird die Gesellschaft für den Fall, dass ihr gegenüber Willenserklärungen abgegeben oder Schriftstücke zugestellt werden, durch den Verwaltungsrat vertreten."

   b) Absatz 2 wird wie folgt geändert:

   aa) In Satz 2 werden nach dem Wort „Direktor" die Wörter „oder im Fall des Absatzes 1 Satz 2 gegenüber einem Mitglied des Verwaltungsrats" eingefügt.

   bb) Folgender Satz wird angefügt:

   „§ 78 Abs. 2 Satz 3 und 4 des Aktiengesetzes gilt entsprechend."

6. § 42 wird aufgehoben.

7. § 53 Abs. 4 Nr. 2 wird wie folgt geändert:

   a) In Buchstabe a wird die Angabe „a)" gestrichen und die Angabe „§ 92 Abs. 2 des Aktiengesetzes oder" durch die Angabe „§ 15a Abs. 1 Satz 1 der Insolvenzordnung" ersetzt.

   b) Buchstabe b wird aufgehoben.

Artikel 19
Änderung des Genossenschaftsgesetzes

Das Genossenschaftsgesetz in der Fassung der Bekanntmachung vom 16. Oktober 2006 (BGBl. I S. 2230), zuletzt geändert durch Artikel 2 des Gesetzes vom 3. September 2007 (BGBl. I S. 2178), wird wie folgt geändert:

1. Die Inhaltsübersicht wird wie folgt geändert:

   a) Die Angabe zu § 99 wird wie folgt gefasst:

   „§ 99 Zahlungsverbot bei Zahlungsunfähigkeit oder Überschuldung".

   b) Die Angabe zu § 148 wird wie folgt gefasst:

   „§ 148 Pflichtverletzung bei Verlust".

2. Dem § 24 Abs. 1 wird folgender Satz angefügt:

   „Hat eine Genossenschaft keinen Vorstand (Führungslosigkeit), wird die Genossenschaft für den Fall, dass ihr gegenüber Willenserklärungen abgegeben oder Schriftstücke zugestellt werden, durch den Aufsichtsrat vertreten."

3. § 25 wird wie folgt geändert:

   a) In Absatz 1 Satz 3 werden nach dem Wort „Vorstandsmitglied" die Wörter „oder im Fall des § 24 Abs. 1 Satz 2 gegenüber einem Aufsichtsratsmitglied" eingefügt.

   b) Absatz 4 wird aufgehoben.

4. § 99 wird wie folgt geändert:

   a) Die Überschrift wird wie folgt gefasst:

   „§ 99 Zahlungsverbot bei Zahlungsunfähigkeit oder Überschuldung".

   b) Absatz 1 wird aufgehoben.

   c) In Absatz 2 wird die Absatzbezeichnung „(2)" gestrichen.

5. § 148 wird wie folgt geändert:

   a) In der Überschrift werden die Wörter „ , Überschuldung oder Zahlungsunfähigkeit" gestrichen.

   b) In Nummer 1 wird die Angabe „1." gestrichen und das Wort „oder" durch einen Punkt ersetzt.

   c) Nummer 2 wird aufgehoben.

Artikel 20
Änderung des SCE-Ausführungsgesetzes

Das SCE-Ausführungsgesetz vom 14. August 2006 (BGBl. I S. 1911), geändert durch Artikel 12 Abs. 11a des Gesetzes vom 10. November 2006 (BGBl. I S. 2553), wird wie folgt geändert:

1. In der Inhaltsübersicht wird die Angabe zu § 24 wie folgt gefasst:

   „§ 24 (weggefallen)".

2. § 17 Abs. 2 Satz 2 wird wie folgt gefasst:

   „In der Anmeldung sind Art und Umfang der Vertretungsbefugnis der geschäftsführenden Direktoren anzugeben."

3. In § 18 Abs. 4 Satz 2 werden nach dem Wort „Genossenschaft" die Wörter „hat der Verwaltungsrat den Insolvenzantrag nach § 15a Abs. 1 der Insolvenzordnung zu stellen; zudem" eingefügt.

4. In § 22 Abs. 3 Satz 2 wird die Angabe „§ 99 Abs. 1 Satz 2" durch die Angabe „§ 98" ersetzt.

5. § 23 wird wie folgt geändert:

   a) Dem Absatz 1 wird folgender Satz angefügt:

   „Hat eine Europäische Genossenschaft keine geschäftsführenden Direktoren (Führungslosigkeit), wird die Europäische Genossenschaft für den Fall, dass ihr gegenüber Willenserklärungen abgegeben oder Schriftstücke zugestellt werden, durch den Verwaltungsrat vertreten."

   b) In Absatz 2 Satz 2 werden nach dem Wort „Direktor" die Wörter „oder im Fall des Absatzes 1 Satz 2 gegenüber einem Mitglied des Verwaltungsrats" eingefügt.

6. § 24 wird aufgehoben.

7. In § 36 Abs. 1 Satz 1 werden nach der Angabe „151 des Genossenschaftsgesetzes," die Wörter „des § 15a Abs. 4 und 5 der Insolvenzordnung," eingefügt.

Artikel 21
Änderung des Gesetzes
über Unternehmensbeteiligungsgesellschaften

In § 24 des Gesetzes über Unternehmensbeteiligungsgesellschaften in der Fassung der Bekanntmachung vom 9. September 1998 (BGBl. I S. 2765), das zuletzt durch Artikel 2 des Gesetzes vom 12. August 2008 (BGBl. I S. 1672) geändert worden ist, werden die Wörter „so findet eine Zurechnung nach den Regeln über den Eigenkapitalersatz insoweit nicht statt" durch die Wörter „ist § 39 Abs. 1 Nr. 5 der Insolvenzordnung insoweit nicht anzuwenden" ersetzt.

Artikel 22
Änderung des
Partnerschaftsgesellschaftsgesetzes

In § 5 Abs. 2 des Partnerschaftsgesellschaftsgesetzes vom 25. Juli 1994 (BGBl. I S. 1744), das zuletzt durch Artikel 12 Abs. 12 des Gesetzes vom 10. November 2006 (BGBl. I S. 2553) geändert worden ist, werden nach dem Wort „anzuwenden" die Wörter „; eine Pflicht zur Anmeldung einer inländischen Geschäftsanschrift besteht nicht" eingefügt.

Artikel 23
Änderung
der Abgabenordnung

In § 191 Abs. 1 Satz 2 zweiter Halbsatz der Abgabenordnung in der Fassung der Bekanntmachung vom 1. Oktober 2002 (BGBl. I S. 3866, 2003 I S. 61), die zuletzt durch Artikel 7a des Gesetzes vom 13. August 2008 (BGBl. I S. 1690) geändert worden ist, wird die Angabe „§§ 3, 4 und 6" durch die Angabe „§§ 3 und 4" ersetzt.

Artikel 24
Änderung
des Kreditwesengesetzes

In § 46c des Kreditwesengesetzes in der Fassung der Bekanntmachung vom 9. September 1998 (BGBl. I S. 2776), das zuletzt durch Artikel 6 Abs. 1 des Gesetzes vom 17. Oktober 2008 (BGBl. I S. 1982) geändert worden ist, werden die Wörter „und nach § 32b Satz 1 des Gesetzes betreffend die Gesellschaften mit beschränkter Haftung" gestrichen.

Artikel 25
Inkrafttreten

Dieses Gesetz tritt am ersten Tag des auf die Verkündung folgenden Kalendermonats in Kraft.

Die verfassungsmäßigen Rechte des Bundesrates sind gewahrt.

Das vorstehende Gesetz wird hiermit ausgefertigt. Es ist im Bundesgesetzblatt zu verkünden.

Berlin, den 23. Oktober 2008

Der Bundespräsident
Horst Köhler

Die Bundeskanzlerin
Dr. Angela Merkel

Die Bundesministerin der Justiz
Brigitte Zypries

Anlage 1 (zu Artikel 1 Nr. 50)

„Anlage
(zu § 2 Abs. 1a)

a) Musterprotokoll
für die Gründung einer Einpersonengesellschaft

UR. Nr. ....

Heute, den ....,

erschien vor mir, ...,
Notar/in mit dem Amtssitz in
....,

Herr/Frau[1])
....
....
....[2]).

1. Der Erschienene errichtet hiermit nach § 2 Abs. 1a GmbHG eine Gesellschaft mit beschränkter Haftung unter der Firma ....
   ....
   mit dem Sitz in ....

2. Gegenstand des Unternehmens ist ....

3. Das Stammkapital der Gesellschaft beträgt .... €
   (i. W. .... Euro) und wird vollständig
   von Herrn/Frau[1]) ....
   (Geschäftsanteil Nr. 1) übernommen. Die Einlage ist in Geld zu erbringen, und zwar sofort in voller Höhe/zu 50 Prozent sofort, im Übrigen sobald die Gesellschafterversammlung ihre Einforderung beschließt[3]).

4. Zum Geschäftsführer der Gesellschaft wird Herr/Frau[4]) ....
   ....,
   geboren am ...., wohnhaft in ....
   ...., bestellt.
   Der Geschäftsführer ist von den Beschränkungen des § 181 des Bürgerlichen Gesetzbuchs befreit.

5. Die Gesellschaft trägt die mit der Gründung verbundenen Kosten bis zu einem Gesamtbetrag von 300 €, höchstens jedoch bis zum Betrag ihres Stammkapitals. Darüber hinausgehende Kosten trägt der Gesellschafter.

6. Von dieser Urkunde erhält eine Ausfertigung der Gesellschafter, beglaubigte Ablichtungen die Gesellschaft und das Registergericht (in elektronischer Form) sowie eine einfache Abschrift das Finanzamt – Körperschaftsteuerstelle –.

7. Der Erschienene wurde vom Notar/von der Notarin insbesondere auf Folgendes hingewiesen: ....

Hinweise:

[1]) Nicht Zutreffendes streichen. Bei juristischen Personen ist die Anrede Herr/Frau wegzulassen.

[2]) Hier sind neben der Bezeichnung des Gesellschafters und den Angaben zur notariellen Identitätsfeststellung ggf. der Güterstand und die Zustimmung des Ehegatten sowie die Angaben zu einer etwaigen Vertretung zu vermerken.

[3]) Nicht Zutreffendes streichen. Bei der Unternehmergesellschaft muss die zweite Alternative gestrichen werden.

[4]) Nicht Zutreffendes streichen.

b) **Musterprotokoll**
für die Gründung einer Mehrpersonengesellschaft
mit bis zu drei Gesellschaftern

UR. Nr. ....

Heute, den ....,

erschienen vor mir, ...,
Notar/in mit dem Amtssitz in
....,

Herr/Frau[1])
....
....[2]),

Herr/Frau[1])
....
....[2]),

Herr/Frau[1])
....
....[2]).

1. Die Erschienenen errichten hiermit nach § 2 Abs. 1a GmbHG eine Gesellschaft mit beschränkter Haftung unter der Firma ....
....
mit dem Sitz in ....

2. Gegenstand des Unternehmens ist ....

3. Das Stammkapital der Gesellschaft beträgt .... €
(i. W. .... Euro) und wird wie folgt übernommen:

Herr/Frau[1]) .... übernimmt einen Geschäftsanteil mit einem Nennbetrag in Höhe von ...... €
(i. W. .... Euro) (Geschäftsanteil Nr. 1),

Herr/Frau[1]) .... übernimmt einen Geschäftsanteil mit einem Nennbetrag in Höhe von ...... €
(i. W. .... Euro) (Geschäftsanteil Nr. 2),

Herr/Frau[1]) .... übernimmt einen Geschäftsanteil mit einem Nennbetrag in Höhe von ...... €
(i. W. .... Euro) (Geschäftsanteil Nr. 3).

Die Einlagen sind in Geld zu erbringen, und zwar sofort in voller Höhe/zu 50 Prozent sofort, im Übrigen sobald die Gesellschafterversammlung ihre Einforderung beschließt[3]).

4. Zum Geschäftsführer der Gesellschaft wird Herr/Frau[4]) ....
....,
geboren am ...., wohnhaft in ....
...., bestellt.
Der Geschäftsführer ist von den Beschränkungen des § 181 des Bürgerlichen Gesetzbuchs befreit.

5. Die Gesellschaft trägt die mit der Gründung verbundenen Kosten bis zu einem Gesamtbetrag von 300 €, höchstens jedoch bis zum Betrag ihres Stammkapitals. Darüber hinausgehende Kosten tragen die Gesellschafter im Verhältnis der Nennbeträge ihrer Geschäftsanteile.

6. Von dieser Urkunde erhält eine Ausfertigung jeder Gesellschafter, beglaubigte Ablichtungen die Gesellschaft und das Registergericht (in elektronischer Form) sowie eine einfache Abschrift das Finanzamt – Körperschaftsteuerstelle –.

7. Die Erschienenen wurden vom Notar/von der Notarin insbesondere auf Folgendes hingewiesen: ....

Hinweise:

[1]) Nicht Zutreffendes streichen. Bei juristischen Personen ist die Anrede Herr/Frau wegzulassen.

[2]) Hier sind neben der Bezeichnung des Gesellschafters und den Angaben zur notariellen Identitätsfeststellung ggf. der Güterstand und die Zustimmung des Ehegatten sowie die Angaben zu einer etwaigen Vertretung zu vermerken.

[3]) Nicht Zutreffendes streichen. Bei der Unternehmergesellschaft muss die zweite Alternative gestrichen werden.

[4]) Nicht Zutreffendes streichen."

Anlage 2 (zu Artikel 1 Nr. 51)

„Inhaltsübersicht

Abschnitt 1
Errichtung der Gesellschaft

§ 1	Zweck; Gründerzahl
§ 2	Form des Gesellschaftsvertrags
§ 3	Inhalt des Gesellschaftsvertrags
§ 4	Firma
§ 4a	Sitz der Gesellschaft
§ 5	Stammkapital; Geschäftsanteil
§ 5a	Unternehmergesellschaft
§ 6	Geschäftsführer
§ 7	Anmeldung der Gesellschaft
§ 8	Inhalt der Anmeldung
§ 9	Überbewertung der Sacheinlagen
§ 9a	Ersatzansprüche der Gesellschaft
§ 9b	Verzicht auf Ersatzansprüche
§ 9c	Ablehnung der Eintragung
§ 10	Inhalt der Eintragung
§ 11	Rechtszustand vor der Eintragung
§ 12	Bekanntmachungen der Gesellschaft

Abschnitt 2
Rechtsverhältnisse der Gesellschaft und der Gesellschafter

§ 13	Juristische Person; Handelsgesellschaft
§ 14	Einlagepflicht
§ 15	Übertragung von Geschäftsanteilen
§ 16	Rechtsstellung bei Wechsel der Gesellschafter oder Veränderung des Umfangs ihrer Beteiligung; Erwerb vom Nichtberechtigten
§ 17	(weggefallen)
§ 18	Mitberechtigung am Geschäftsanteil
§ 19	Leistung der Einlagen
§ 20	Verzugszinsen
§ 21	Kaduzierung
§ 22	Haftung der Rechtsvorgänger
§ 23	Versteigerung des Geschäftsanteils
§ 24	Aufbringung von Fehlbeträgen
§ 25	Zwingende Vorschriften
§ 26	Nachschusspflicht
§ 27	Unbeschränkte Nachschusspflicht
§ 28	Beschränkte Nachschusspflicht
§ 29	Ergebnisverwendung
§ 30	Kapitalerhaltung
§ 31	Erstattung verbotener Rückzahlungen
§ 32	Rückzahlung von Gewinn
§ 32a	(weggefallen)
§ 32b	(weggefallen)
§ 33	Erwerb eigener Geschäftsanteile
§ 34	Einziehung von Geschäftsanteilen

Abschnitt 3
Vertretung und Geschäftsführung

§ 35	Vertretung der Gesellschaft
§ 35a	Angaben auf Geschäftsbriefen
§ 36	(weggefallen)
§ 37	Beschränkungen der Vertretungsbefugnis
§ 38	Widerruf der Bestellung
§ 39	Anmeldung der Geschäftsführer
§ 40	Liste der Gesellschafter
§ 41	Buchführung
§ 42	Bilanz
§ 42a	Vorlage des Jahresabschlusses und des Lageberichts
§ 43	Haftung der Geschäftsführer
§ 43a	Kreditgewährung aus Gesellschaftsvermögen
§ 44	Stellvertreter von Geschäftsführern
§ 45	Rechte der Gesellschafter
§ 46	Aufgabenkreis der Gesellschafter
§ 47	Abstimmung
§ 48	Gesellschafterversammlung
§ 49	Einberufung der Versammlung
§ 50	Minderheitsrechte
§ 51	Form der Einberufung
§ 51a	Auskunfts- und Einsichtsrecht
§ 51b	Gerichtliche Entscheidung über das Auskunfts- und Einsichtsrecht
§ 52	Aufsichtsrat

Abschnitt 4
Abänderungen des Gesellschaftsvertrags

§ 53	Form der Satzungsänderung
§ 54	Anmeldung und Eintragung der Satzungsänderung
§ 55	Erhöhung des Stammkapitals
§ 55a	Genehmigtes Kapital
§ 56	Kapitalerhöhung mit Sacheinlagen
§ 56a	Leistungen auf das neue Stammkapital
§ 57	Anmeldung der Erhöhung
§ 57a	Ablehnung der Eintragung
§ 57b	(weggefallen)
§ 57c	Kapitalerhöhung aus Gesellschaftsmitteln
§ 57d	Ausweisung von Kapital- und Gewinnrücklagen
§ 57e	Zugrundelegung der letzten Jahresbilanz; Prüfung
§ 57f	Anforderungen an die Bilanz
§ 57g	Vorherige Bekanntgabe des Jahresabschlusses
§ 57h	Arten der Kapitalerhöhung
§ 57i	Anmeldung und Eintragung des Erhöhungsbeschlusses
§ 57j	Verteilung der Geschäftsanteile
§ 57k	Teilrechte; Ausübung der Rechte
§ 57l	Teilnahme an der Erhöhung des Stammkapitals
§ 57m	Verhältnis der Rechte; Beziehungen zu Dritten
§ 57n	Gewinnbeteiligung der neuen Geschäftsanteile
§ 57o	Anschaffungskosten
§ 58	Herabsetzung des Stammkapitals
§ 58a	Vereinfachte Kapitalherabsetzung
§ 58b	Beträge aus Rücklagenauflösung und Kapitalherabsetzung
§ 58c	Nichteintritt angenommener Verluste
§ 58d	Gewinnausschüttung
§ 58e	Beschluss über die Kapitalherabsetzung

§ 58f	Kapitalherabsetzung bei gleichzeitiger Erhöhung des Stammkapitals
§ 59	(weggefallen)

Abschnitt 5

Auflösung und Nichtigkeit der Gesellschaft

§ 60	Auflösungsgründe
§ 61	Auflösung durch Urteil
§ 62	Auflösung durch eine Verwaltungsbehörde
§ 63	(weggefallen)
§ 64	Haftung für Zahlungen nach Zahlungsunfähigkeit oder Überschuldung
§ 65	Anmeldung und Eintragung der Auflösung
§ 66	Liquidatoren
§ 67	Anmeldung der Liquidatoren
§ 68	Zeichnung der Liquidatoren
§ 69	Rechtsverhältnisse von Gesellschaft und Gesellschaftern
§ 70	Aufgaben der Liquidatoren
§ 71	Eröffnungsbilanz; Rechte und Pflichten
§ 72	Vermögensverteilung
§ 73	Sperrjahr
§ 74	Schluss der Liquidation
§ 75	Nichtigkeitsklage
§ 76	Heilung von Mängeln durch Gesellschafterbeschluss
§ 77	Wirkung der Nichtigkeit

Abschnitt 6

Ordnungs-, Straf- und Bußgeldvorschriften

§ 78	Anmeldepflichtige
§ 79	Zwangsgelder
§ 80	(weggefallen)
§ 81	(weggefallen)
§ 82	Falsche Angaben
§ 83	(weggefallen)
§ 84	Verletzung der Verlustanzeigepflicht
§ 85	Verletzung der Geheimhaltungspflicht

Anlage"

Anlage 3:

Musterprotokoll
für die Gründung einer Einpersonengesellschaft

UR. Nr. ....

Heute, den .... ,

erschien vor mir, ... ,
Notar/in mit dem Amtssitz in

.... ,

Herr/Frau[1])

....

....

.... [2]).

1. Der Erschienene errichtet hiermit nach § 2 Abs. 1a GmbHG eine Gesellschaft mit beschränkter Haftung unter der Firma ....

....

mit dem Sitz in ....

2. Gegenstand des Unternehmens ist ....

3. Das Stammkapital der Gesellschaft beträgt .... €
(i. W. .... Euro) und wird vollständig
von Herrn/Frau[1]) ....
(Geschäftsanteil Nr. 1) übernommen. Die Einlage ist in Geld zu erbringen, und zwar sofort in voller Höhe/zu 50 Prozent sofort, im Übrigen sobald die Gesellschafterversammlung ihre Einforderung beschließt[3]).

4. Zum Geschäftsführer der Gesellschaft wird Herr/Frau[4]) ....

.... ,

geboren am .... , wohnhaft in ....

.... , bestellt.
Der Geschäftsführer ist von den Beschränkungen des § 181 des Bürgerlichen Gesetzbuchs befreit.

5. Die Gesellschaft trägt die mit der Gründung verbundenen Kosten bis zu einem Gesamtbetrag von 300 €, höchstens jedoch bis zum Betrag ihres Stammkapitals. Darüber hinausgehende Kosten trägt der Gesellschafter.

6. Von dieser Urkunde erhält eine Ausfertigung der Gesellschafter, beglaubigte Ablichtungen die Gesellschaft und das Registergericht (in elektronischer Form) sowie eine einfache Abschrift das Finanzamt – Körperschaftsteuerstelle –.

7. Der Erschienene wurde vom Notar/von der Notarin insbesondere auf Folgendes hingewiesen: ....

Hinweise:

[1]) Nicht Zutreffendes streichen. Bei juristischen Personen ist die Anrede Herr/Frau wegzulassen.

[2]) Hier sind neben der Bezeichnung des Gesellschafters und den Angaben zur notariellen Identitätsfeststellung ggf. der Güterstand und die Zustimmung des Ehegatten sowie die Angaben zu einer etwaigen Vertretung zu vermerken.

[3]) Nicht Zutreffendes streichen. Bei der Unternehmergesellschaft muss die zweite Alternative gestrichen werden.

[4]) Nicht Zutreffendes streichen.

Anlage 4

Musterprotokoll
für die Gründung einer Mehrpersonengesellschaft
mit bis zu drei Gesellschaftern

UR. Nr. ....

Heute, den .... ,

erschienen vor mir, ... ,
Notar/in mit dem Amtssitz in
.... ,

Herr/Frau[1])
....
.... [2]),

Herr/Frau[1])
....
.... [2]),

Herr/Frau[1])
....
.... [2]).

1. Die Erschienenen errichten hiermit nach § 2 Abs. 1a GmbHG eine Gesellschaft mit beschränkter Haftung unter der Firma ....
....
mit dem Sitz in ....

2. Gegenstand des Unternehmens ist ....

3. Das Stammkapital der Gesellschaft beträgt .... €
(i. W. .... Euro) und wird wie folgt übernommen:

Herr/Frau[1]) .... übernimmt einen Geschäftsanteil mit einem Nennbetrag in Höhe von .... €
(i. W. .... Euro) (Geschäftsanteil Nr. 1),

Herr/Frau[1]) .... übernimmt einen Geschäftsanteil mit einem Nennbetrag in Höhe von .... €
(i. W. .... Euro) (Geschäftsanteil Nr. 2),

Herr/Frau[1]) .... übernimmt einen Geschäftsanteil mit einem Nennbetrag in Höhe von .... €
(i. W. .... Euro) (Geschäftsanteil Nr. 3).

Die Einlagen sind in Geld zu erbringen, und zwar sofort in voller Höhe/zu 50 Prozent sofort, im Übrigen sobald die Gesellschafterversammlung ihre Einforderung beschließt[3]).

4. Zum Geschäftsführer der Gesellschaft wird Herr/Frau[4]) ....
   .... ,
   geboren am .... , wohnhaft in ....
   .... , bestellt.
   Der Geschäftsführer ist von den Beschränkungen des § 181 des Bürgerlichen Gesetzbuchs befreit.

5. Die Gesellschaft trägt die mit der Gründung verbundenen Kosten bis zu einem Gesamtbetrag von 300 €, höchstens jedoch bis zum Betrag ihres Stammkapitals. Darüber hinausgehende Kosten tragen die Gesellschafter im Verhältnis der Nennbeträge ihrer Geschäftsanteile.

6. Von dieser Urkunde erhält eine Ausfertigung jeder Gesellschafter, beglaubigte Ablichtungen die Gesellschaft und das Registergericht (in elektronischer Form) sowie eine einfache Abschrift das Finanzamt – Körperschaftsteuerstelle –.

7. Die Erschienenen wurden vom Notar/von der Notarin insbesondere auf Folgendes hingewiesen: ....

Hinweise:

[1]) Nicht Zutreffendes streichen. Bei juristischen Personen ist die Anrede Herr/Frau wegzulassen.

[2]) Hier sind neben der Bezeichnung des Gesellschafters und den Angaben zur notariellen Identitätsfeststellung ggf. der Güterstand und die Zustimmung des Ehegatten sowie die Angaben zu einer etwaigen Vertretung zu vermerken.

[3]) Nicht Zutreffendes streichen. Bei der Unternehmergesellschaft muss die zweite Alternative gestrichen werden.

[4]) Nicht Zutreffendes streichen.